ひろ
交通事故冤罪に巻きこまれて

下川 正和 著

発行 自然環境復元機構研究所
発売 高文研

我慢強く、
そして優しく生きた
浩央の霊に、
本書を捧ぐ

まえがき

あなたは、いつ犯人にされてもおかしくありません。警察の示す資料には、犯罪人として確定するための証拠しか記載されておらず、専門家がよってたかって専門知識をひけらかし、あなたの悲鳴をいたぶり続けます。冤罪に気づき、意を決して裁判に訴えても、冤罪とまともに組みあって手助けできる弁護士は、残念ながら少ないのが現状です。必死になってあなたが真相究明をし、裁判に訴えても、聞くそぶりはするのですが、法廷の名で、冤罪を後押しする鑑定人の選定を要請し、その選定鑑定人は、あなたの知らない技術資料と数式を持ちだして、あなたの疑問点を踏みつぶします。その冤罪をサポートする鑑定の問題点を、あなたが指摘して訴えても、実は裁判官は、警察の作った訴訟資料を前提に判決を下します。聞く耳を持たないのです。そして司法制度は、冤罪を成立させるように機能してゆきます。

裁判員制度を導入して、市民に開かれた司法を志しているように見えている現在の裁判で、実は市民を虫けらのようになぶり倒す運用がなされていました。私の長男浩央がバイク事故に巻きこまれ、何も知らない一市民が、真相を知るために、事故直後の目撃者を探し、専門家や大学教授に教えを請い、やっと真相を知ることが可能となったそのときには、警察と検事が敷いたレールの上で法廷論争が進んでしまい、最高裁では、提出した新事実を見ることもなく却下されました。改めて冤罪として争った裁判も、誰が読んでもおかしな理由を付けて、裁判官は冤罪をサポートしました。これで良いのでしょうか。また、なんとかならないのでしょうか。

第1章では、事故と裁判の概略を示し、事故態様を手始めに真相を示します。

第2章では、警察がどのように冤罪を仕立てあげるのか、手口を含め、実態をお示しします。

第3章では、検察官や裁判官などの司法組織が、どのように対応して、警察現場が起こした冤罪を擁護し、司法制度を通じて冤罪を成立させてゆくかを示しました。

第4章では、少なくとも、あなたが真相をつかめるように、バイク事故を例にとり、証拠集めのためにあなたがなすこと、そして、今世の中に溢れている情報ツールを生かして、隠蔽された事実をどのようにつかみ出してくるか、実

例で示します。そこで、市民からかけ離れ、濁りきった司法組織の運用について、市民の側に立つために、改革素案を提示させていただきます。

　第5章では、真相究明を成しとげながらも、裁判で負けた反省に立って、反省すべき点を摘出し、また交通事故をなくし、事故死者をなくすために、今できることなどをまとめて、恥ずかしながらお示ししています。

　交通事故で、捜査資料に疑問を持たれた方はもちろん、司法制度の運用に疑問を感じておられる方に、お読みいただきたいと思います。見せかけでない、実質的な民主主義にふさわしい、司法のあり方を考える一助になっていただければ、と念願します。

　タイトルの「ひろ」はこのような思いをこめて、我慢強く優しく生きた長男「ひろなか」の頭2字を取りました。

第1章
浩央交通事故裁判の経過と事故の真相
――冤罪の仕掛け――

第1節　事故発生から裁判終結までの経過

1. 事故発生時と直後の様子

　平成10年11月14日12時20分ごろ阿蘇山を下ってまっすぐな国道の、観光施設に入る交差点近くで事故が発生しました。

　私ども夫婦に知らされたのは12時間後の24時を30分近く過ぎたころで、翌朝一番の飛行機で、すぐに入院先の赤十字病院に駆けつけましたが、その翌日16日朝一言も言葉を交わすことなく浩央は亡くなりました。

　死亡するとすぐに交通課係長が来て死体の実況見分を行い、「浩央バイクが乗用車に追突した事故で、相手はふつうの主婦だ」と伝えました。

　葬式が済んですぐ事故10日後に、相手に詫びるために警察へ行き、事故現場と事故車両を見せてもらいました。乗用車後部下方に当たり疵はなく、バイクはハンドルから前照灯にかけてダメージが集中し、前輪にはダメージはなさそうでした。

　また、路面タイヤ痕は、道路中央から直線で交差点の路側ポールに向かってから、進行方向に向きなおって路側線に沿って1m強進んで、最後は道路中央に向かう形で丸まっていました。何より、浩央には腹部打撃と右手骨折以外に、手足を含め打撃痕跡や擦過損傷はありませんでした。停止車両に追突したとは思えないいろいろな疑問がわき、質問しても、返事がなく、捜査中としか応じず、曖昧でした。

　相手に教えてもらうしかないので、詫びを入れたいと申しいれましたが、相手はなかなか会いたがらず、わざわざ来たからとお願いし、やっとお会いして、「事故死という不幸を繰りかえさぬために尽くしてやりたい。真相を教えてもらい、そこから解きほぐしてゆきたい」と、疑問点を聞こうとすると、係長に遮られ、具体的に質問を発する前に相手はいなくなりました。夕刻調書を取られ、1泊することになりました。

2．事故の真相が知りたい

1）目撃者捜し

　目撃者がいないとのことだったので、その後九州一円のバス会社やマスコミに目撃情報を求める手紙を出し、朝日新聞から"目撃者捜しの新聞広告を、警察と連名でなら掲載できる"との回答を得たので、事故発生から1か月後の12月15日に警察署内での了解を求めました。

　そのことに警察から返事はなく、12月24日に地元の新聞販売店に印刷した文章を持ちこんで、翌日の折り込み広告を依頼しました。あとから渡された実況見分調書を見ると、事故12日後に目撃者の見分調書が作られていて、この間の警察の応答の仕方が不可解です。

　事故後1か月後のやりとりのあとに、事故の目撃者ではないが、という断りを添えて、事故直後に駆けつけた医師らの一行がいたことが警察から伝えられ、さっそく鹿児島の友人の手助けを受けて、年を明けてからお会いすることができました。マイクロバスで来られた、看護師や医師、ご家族を含んだ診療所の一行で、浩央のところに最初に駆けつけて助けだしてくださった方々で、貴重な証言を得ることができました。

2）事故関係者への会見

　現場では道路工事をしていました。目撃者がいたのではないかと、工事を発注し維持管理している県の関係機関で県発注であることを確認し、現場確認のための同行を依頼すると、それは工事会社の管理下にあると断られました。事故時の工事管理者を教えてもらいその工事会社を訪問して、契約内容や積算費について尋ね、思わぬことがわかったりしました。そして、救急車を呼んでいただいた方や救急隊員にお会いしてお礼をしたうえで、事故時や救急搬送時の様子を教えてもらいました。

　さらに近くから駆けつけた方など、いろいろな方にお会いし、事故音の様子や、事故時の交差点と集まった方々の様子、事故処理の経緯、そして駐在警察官や捜査に当たった警察署捜査官の対応など、全体の状況を整理確認しました。皆さん協力的で、整合性の確認なども行うことができました。当初から目撃者はいないとのことだったので、直接関係のない労働基準監督署を含め、思いついた機関や隣人など、手当たり次第に尋ね、真相に至るための術、手づるを探

しました。

3）交通事故鑑定人

　保険会社を訪れると相手車両が古くてその評価額が低いのを理由に「裁判をしない」との反応で、しかたなく自己負担で裁判するために、保険会社が使う調査会社を紹介してもらい、調査を依頼しました。後には浩央の友人がネットで探してくれた交通事故鑑定人にも鑑定を依頼しました。

　現地調査員は車輪式のスケールで手際よく現場を計測しましたので、スリップ痕としては形状に疑問の残る路面タイヤ痕を含んだ詳細図面が作成できると確信して、できあがった路面タイヤ痕の図面を送るように依頼しました。が、送ってこず、結局詳細図は入手できなくなりました。

　この保険会社の調査会社は、乗用車急停止説で、左方にしか疵がないことや路面タイヤ痕などから抱いた衝突角について私が尋ねても、疑問には応えてくれませんでした。

4）弁護士

　弁護士は友人をたどり、専門外でしたが弁護を依頼しました。弁護士会の会長に立候補した弁護士が主（あるじ）の事務所で、番頭を務め、司法修習生の教官もしたことのある弁護士でしたが、交通事故については経験がなく、それでも勉強してみるといい、引き受けてくれました。

3．裁判の経過

1）刑事事件

　半年以上経過した平成11年6月6日に書類送検の連絡があり、平成11年10月22日に弁護士の案内で、かつて彼が教官として接していたことがあるという、当時司法修習生であった熊本地検の検事に会い（特別のことだそうです）、忙しいなかで時間をさいていただいたと、せかされながら、実況見分調書や捜査報告書などの捜査資料を見せられました。

　このときには、自動車メーカーの設計技術者で、バイクにも乗られる自称交通事故鑑定人にご一緒していただいたのですが、鑑定人を志す方にとっても、一通り短時間見るだけなので、理解しようとするだけで精一杯でした。私にも、また同行した鑑定人にも、短かすぎる時間で、証拠立ての不十分さや歪曲に頭

を巡らす余裕はありませんでした。今から思えば、情報は恣意的に選択され、一方的かつ独断的に決めつけた文章で、事故の全体を理解するようにはできていなかったのです。コピーを持って帰ることもままならなかったので、理解することも、反論することもできませんでした。

　警察の訴追内容にも、また、保険会社調査会社の鑑定にも、また（さらに）インターネットで知った自称交通事故鑑定人の鑑定にも納得がいかないなか、平成11年12月29日、年の瀬も押しせまって、「浩央の前方不注意で、被疑者死亡により証拠不十分で不起訴」とされました。刑事事件は検察官にしか訴追権がなく、捜査権のない市民には、疑問を持っても納得できる証拠を集めて用意することができないので、これで終了です。

２）民事事件

　保険会社調査会社の鑑定や浩央の友人がネットで探してくれた自称交通事故鑑定人の鑑定に納得できなかった私は、再度鑑定人を探し、事務所改修中で当初連絡の取れなかったものの、事務所改修が済んで連絡がつくようになった林洋鑑定人にお会いすることができました。持参した資料を見て、おおよその事故態様がわかったらしく、すぐにお引き受けいただきました。納得いかない鑑定は引き受けられないとのことでした。警察で事故車を見、現場も見て、出していただいた鑑定書は、次節で紹介させていただきますが、いろいろな疑問が氷解する鑑定でした。

　その後保険会社調査会社から連絡があり、車輪式のスケールで計測したのに詳細図を送ってこなかった現地調査員は、相手側保険会社の調査を先にしていた現地調査員だったと告げられました。路面タイヤ痕などの詳細情報を届けてこなかった理由がわかりました。

　勤務先の地元の方が、熊本市内の警察署長と友人とのことで、「田舎で地元と勝手なことをやり迷惑を掛けた」と言っていることを伝えられ、詳細を聞こうとすると連絡が途絶しました。

　林鑑定人から"実況見分写真フィルムや相手乗用車を確保"するように要請されましたが、弁護士は応えませんでした。

　熊本地裁で、相手乗用車運転者側と当方の両当事者の鑑定が出され、裁判所鑑定をするように要請されました。裁判所から熊本大学の森和也助教授が指定され、裁判所鑑定が出されました。バイクがスリップして、ハンドル部を乗用

車左隅に当てて、乗用車を前に押しだす態様を漫画で説明し、バイクがスリップ転倒する様子をシミュレーションして、数式を挙げてさもありげに装ったこの鑑定は、当方から提出した鑑定事項（鑑定依頼事項）を充足しておらず、質問を投げかけると、書記官から「直接やりとりしないように」と注意されました。後日高裁でこの鑑定は否定されるのですが、熊本地裁では、裁判所が依拠する鑑定として残りました。もちろん反論する意見書を出しました。

　弁護士が「裁判官が厳しいので降りたい」と言ってきました。

　この頃、この件がテレビ朝日の「スクープ 21」で放映され、朝日新聞、週刊金曜日、モーターマガジンで事件への疑問点が提示されました。

　公判のときに裁判官は、私の意見書を見て、「これは何ですか」と交代した弁護士をたしなめました。この裁判官は、異動することになっていたとのことで、私が提出した意見書に、「これは審議する必要がある」と主張した相手の弁護士の言も遮って、「私が判断します」と言いきって裁判審理を終了させました。

　熊本地裁判決は、後に示すように、現実論としてのツメがなく、中途半端で一方的な常識論に終始した、警察の見方を是と決めつけるものでした。

　こちらとしては、事実を詰めていくしかありません。

　バイクが返されたので、これを使って事故態様を示す撮影をし、3DCG で事故態様を示しました。出版界で働く友人たちが手づるを探り導いてくれました。これを見たテレビ朝日「スクープ 21」が、"疵合わせ検証をしてほしい"と放送してくれました。

　この間、黒い粉がバイクのフロントフォークや前輪に付いていたのを化学分析し、スチレンが含まれているのはタイヤの成分であると結論づけられました。控訴して、「この捜査は確かにおかしい」と言って審理が始まった裁判で、福岡高裁の判事は、疵合わせ検証に同意しました。

　新たに検証鑑定を行う鑑定人が必要と要請され、人づてに選任を依頼した関西の大学助教授は、後に述べるように事前勉強が不足し、制限時間の 1 時間内に疵合わせをしきれませんでした。そのためか、同高裁の判決は棄却となりました。

　"刑事事件で不起訴になってから 1 年で原本が廃棄される"と聞かされました。手渡されていた捜査書類はカラーコピーで、詳細観察はできない代物でしたので、弁護士会に依頼してカメラマンを紹介してもらい、地検にあった原本

の写真を接写してもらい、ネガの代わりとなる写真を入手しました。

　ネガに代わるコピー写真が入手できたので、これを画像分析して、実況見分写真に隠された"衝突痕跡となる微細片等"を見つけ「路面残留物調査報告書」を作成してもらい、事実の間違いとして提出しましたが、平成16年2月26日最高裁は「受理しない」と通知してきました。最高裁は、このような事実を審査することはしないものなのだそうです。

3）熊本地検への捏造告発

　事故直後の実況見分に引用されている写真が、事故直後に撮影された写真でなく、証拠を隠し、実況見分調書自体が意図的に事実を歪曲されたことに気づきました。また、調査会社（いわゆる探偵会社）からの報告で、乗用車を運転していた相手が、地元や警察と特殊な関係にあり、警察にこの相手をかばう要素があることもわかり、熊本検察庁に警察捏造として告発しました。

　熊本地検の検事は、写真撮影時刻を鑑定で争っていた科学捜査研究所（科捜研）から平成17年10月14日に調査結果の予測文書を入手していたのに、1か月間も何もせずに時間稼ぎをし、同年11月14日に不起訴処分を通知し、私は16日にその書類を入手しました。ただちに検察審査会に審査を要請しましたが、次に開催される審査会議日程から時効期間内に審査できないとわかり、ただちに地検に抗議しました。国民の権利を侵害することなので、NHK・共同通信・読売新聞の記者が抗議終了まで受付で待機し、その異常さを報道してくれました。

　検察審査会事務局にも出向き、事情を話し、審査するように依頼したところ、平成17年11月30日検察審査会事務局より公訴時効完成と告げられ、中身を見ることなく実質審査もされずに、捏造告発の刑事事件は、「不起訴処分相当」とされました。民事事件はこのあとも継続しており、公訴時効完成の判断には釈然としません。

4）捏造告発民事

　事故10日後に見せられた、道路一面に散らばったガラス片を写した事故直後の生々しい写真があったにもかかわらず、その写真がなく、"捏造して話を作りあげるために後日残留物を置きなおして事故直後の写真として撮影し"、"事故時動いていた（つまり左折巻きこみをした）乗用車"を"停止していて

追突されたものと話を作りあげて、その証拠を見せないように事故車を撮影し"、"バイクがスリップして追突したとするために、路面タイヤ痕をシングル線で、形状も変え、小さく、図化した実況見分調書を作成し、停止線の位置も変え、オイル溜まりの位置も変えて、もっともらしく作りあげた"という点を指摘して提訴しました。

　ここで、テレビ報道後事実を確認された菅沢深教授が学者としての義憤から鑑定書を作成され、送ってくれました。その鑑定書を提出したので、警察が連れてきた目撃者の目撃内容である「バイク追突で乗用車が前に 5m 以上動かされたという証言」は完全に否定されました。またこの裁判で、おそらく事故発生同時刻に撮影しなおした実況見分調書添付の写真の撮影時刻を、影の向きで CG を使って判断するという審議で、科捜研が提出した時刻判定用の CG 資料が巧妙に細工されていたので、当時九大の教官であった方が、「科捜研のＣＧは撮影角度を変えていて、この細工は工学的判断に対応する所作としてありえない」旨指摘されました。が、東京地裁で敗訴しました。

　ただちに控訴しました。警察目撃者の証言が否定され、実質的に捏造事実が明示されつつあったのです。路面に残っていた微細片の画像解析を示し、手術した医者の医学的鑑定も提出し、国会で細川律夫衆議院議員も取り上げ、毎日新聞は 7 段組で報道してくれましたが、提出した意見書などの中身を読んだと思えない判決だったので、この判決に対し「裁判から民意を遠ざけていることに気づかないのか」との無念の思いで、判決を言いわたした裁判官目がけて、手にしていた数珠を投げつけました。真相はわかったのに、裁判では勝てなかった、これが浩央裁判です。

第 2 節　事故真相を示した林鑑定

　林洋鑑定人は、事故車両の態様解析に向けて実験検証を重ねてこられた経験を生かして、鑑定人として活躍しておられ、大学で講座を持つことも想定した資料整理をしてこられ、学術的整備にも尽力して、信頼を置ける方と理解しています。林氏の鑑定はほぼ真実に近いと思われますので、その鑑定内容を下記に略記します。

　鑑定根拠は、力学的な鑑定で、事故直後の両車両の位置、乗用車の損傷変位から得られた衝突角度、浩央バイクの損傷から得られた浩央バイクの打撃の力

の方向、浩央の身体および衣服・ヘルメットの損傷そして路面タイヤ痕の検証を行って事故態様を導いておられます。

　以下に態様を確定した手順を引用させていただきます。

1. 事故直後の両車両と浩央の位置

　事故当時、本線に交差点で接道する支線道路の横断歩道に向かって歩いていた、医療関係者たちが事故直後浩央が跳ね返るように乗用車の脇に倒れ込んだのを見て、現場にかけつけて、看護師さんが浩央を助け起こして看護し、お医者さんが腹部を触診して肝臓をやられていると判断し、あとから駆けつけた救急隊に「早く運べ」と指示しました。このお医者さんとの会見議事録を元に、林鑑定人は、次のように述べられました（漢字を開く、図番号の加筆等、若干の加筆修正を加えました）。

　なお、会見議事録で確認された事故直後の浩央とバイクの様子は下図（図1-1）のとおりです。

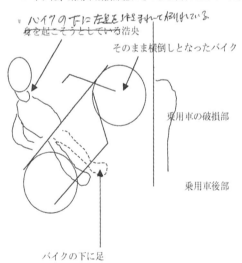

乗用車前部は、停止線表示版の近辺にあった。

図1-1　事故直後のバイクと浩央の状態

※ 手書き文字は、かけつけた医師の加筆

「下川バイクの車体も下川の身体も乗用（個人名であるが個人情報のために「乗用」に変えた。：以下同じ）車の破損部である左側面後部、左クォーターパネルのすぐ左側に転倒していた。

　これは、下川バイクが乗用車の左側面に衝突して、その運動エネルギーの速度差に相当する部分を完全に消耗し、反発することなく、衝突以降は、乗用車と共に運動して最終停止位置に至ったことを示す事実である」

２．乗用車損傷変位から得られた衝突角度

　次に、警察署に保管されていた乗用車の損傷状況を観察し、すぐに３次元の変形量を明示し、衝突角度を割り出されました。

「乗用車の衝突部位は、左クォーターパネルの後窓より後側の部分であるが、この部分は、前方に押されるとともに、内側（右側）に深く押し込まれている。

　鑑定書付図（以下「付図」と略記）6（図 1-2）は、同車車体の左後縁線、つまり、左クォーターパネルとリアパネルが交わる線（わかりやすいように、赤ビニールテープを貼った）の移動量を示したものである。添付の赤白模様のスケール

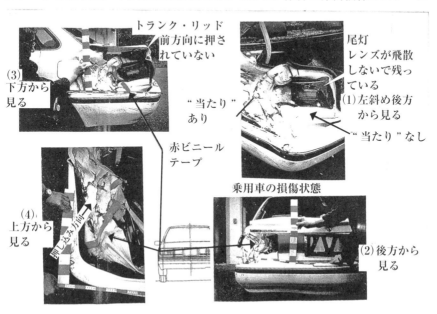

図 1-2　林鑑定書付図 6
※ 184 ページ「参考資料」図 1-2 のカラー写真参照（以下同様）

は、1幅が 5cm である。この縁線の最深部は、前方へおよそ 30cm 押されるとともに内側へおよそ 20cm 押し込まれている。このバイクがこの部位を押した方向は、乗用車進行方向に対して右へ、

arctan（20/30）＝ 34 度

である。この角度付近の衝突角で衝突したことは間違いない。

付図 12（図 1-3）は、この左クォーターパネルの損傷傾向から推定される事故姿勢を示したものである」

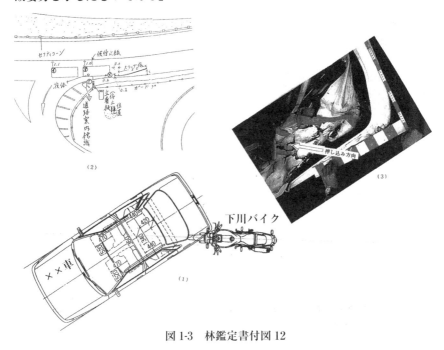

図 1-3　林鑑定書付図 12

3. 浩央バイク損傷から得られる浩央バイクの挙動

同じく警察署で浩央バイクの損傷状況を観察して、林鑑定人は次のように鑑定されました。

「下川バイクの最も破壊している部位は、付図 7（図 1-4）に見るとおり、ハンドルの前側、前照灯付近である。この部位が、乗用車の左クォーターパネルの深く押し込まれた部分（付図 6：図 1-2）に衝突していったことは間違いない。そうでないと、両車の、最も、顕著な損傷部位の形成理由が取り残されること

になる。

　前照灯は、外れているが、その損傷状態を見ると、付図7（図1-4）の（2）、（3）に見るように、下側から上向きに押しつぶされている。この前照灯の損傷の性格が重要なヒントになる。下川バイクは、前輪で衝突したあと、ピッチング（尻跳ね）状態になって、このフロントフォークの高い位置、前照灯まわりを乗用車の左クォーターパネル中央部に衝突させ、押し込んでいき、一時期、噛み合い状態になり、拘束され、引きずられたのである。付図14（次ページ図1-5）の（1）参照」

（1）　　損傷部位の高さの対比

（2）

（3）

図1-4　林鑑定書付図7

4．路上のタイヤ痕から見た両車両の挙動

　両車両の損傷を観察したあと、路面タイヤ痕の特徴に対する私の疑問などを踏まえて、林鑑定人は、実況見分調書を引用して下記のように鑑定されました。

「三叉路交差点のコーナー手前に、付図2（次ページ図1-6）、付図12（図1-3）の（2）（付図2と同じ）に示すような、道筋に対して左方へ偏向するタイヤ痕がある。

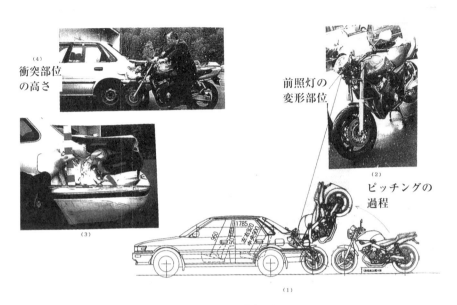

（4）
衝突部位
の高さ

前照灯の
変形部位

（2）

ピッチングの
過程

（3）

（1）

図1-5　林鑑定書付図14

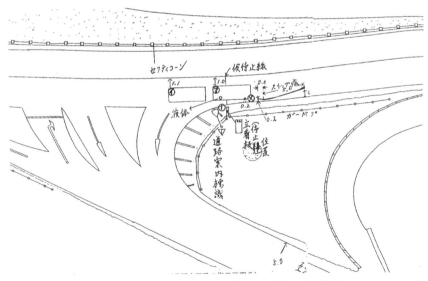

図1-6　林鑑定書付図2（実況見分調書より引用）

　これは、乗用車の左側面に衝突し、前照灯部分を乗用車の左クォーターパネ
ルに押し込んで拘束された下川車の前輪タイヤが、衝突後の乗用車の運動に

従って、路面を擦った痕跡とみて合理的である。

　タイヤ痕の末端が道筋方向に戻っているのは、衝突音により下川バイクを認知した××（相手の個人名）が、反射的に右に舵を切り戻し、下川バイクを引きずる方向を変えた結果である」

5. 左折乗用車による巻きこみで説明可能な浩央ダメージと 着衣・ヘルメットと乗用車リアウインドウガラスなどの破損

　事故態様として鑑定するために、林鑑定人は乗用車の損傷の特徴と、浩央と着衣・装備などのダメージの特徴を示して鑑定に結びつけています。

「乗用車の左後端の縁線に着目すると、これより右側、つまり、後面には、バイクの車体が直接衝突した痕跡はない。後面、つまり、リアパネルの車幅灯取り付け部分は、左端が付図6（図1-2）(1)、(3)、(4) に見るように左クォーターパネルに引きずられて前方へ屈曲しているが、表面には"当たり"がなく、また、車幅灯は割れているが、直接当たられてはいない。もしバイクの車体に直接当たられていたならば、これは最も脆弱な部品であるから、木っ端微塵に飛散しているはずである。

　また、乗用車の左リアピラーにも、（擦り傷程度のものはあるが変形を生ずるほどの）衝突破損の跡は認められない。

　しかし、後窓ガラスはみごとに割れている。

　下川バイクの車体とその上に乗った下川の身体は、乗用車の左クォーターパネルの後端から燃料補給孔蓋の後の位置までの間に、右斜め前向きに衝突していき、下川は、バイク車体のピッチング回転の結果、付図15（次ページ図1-7）の (3) に示すように、頭部を後窓ガラスに衝突させたと判断される。

　下川は、腹部を集中的に打って致命傷を負っている。付図8（次ページ図1-8）参照。

　事故直後、現場に駆けつけた××医師は、下川の顔面とヘルメットにガラスの破片が付着していたのを見ている。

　下川は付図8（次ページ図1-8）にみるように、下腹に横一線に小腸壊死の重傷を負っている。

　これは、下川バイクが前輪で乗用車に、衝突したあと、下川の身体が慣性により前方に飛んで、ハンドルに引っ掛かり、これを前方に押して車体をピッチ

(1)

(2)

(3)

図1-7　林鑑定書付図15

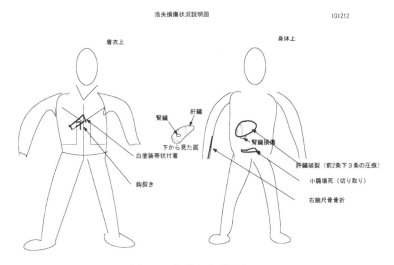

浩央損傷状況説明図　　　　　　　　　　　　　101212

着衣上　　　　　　　　　　　　　　　　身体上

腎臓　肝臓

下から見た図

白塗装帯状付着

鉤裂き

腎臓損傷

肝臓破裂（前2条下3条の圧痕）

小腸壊死〈切り取り〉

右腕尺骨骨折

図1-8　林鑑定書付図8

ング（尻跳ね）させる際に負った負傷とみて妥当である。

　腹部の高い位置の負傷は、乗用車の車体との衝突により形成されたものとみて自然である。付図15（図1-7）の（1）、（2）参照」

6. 事故態様

　以上特徴的な事故痕跡の鑑定に基づき、林鑑定人は次のように事故態様を推定しています。

　「乗用車は、当該道路の右寄りの位置を走行しており、事故現場の三叉路交差点で、左折すべく減速した。

　しかし、左方向指示灯を点灯して意思表示をすることなく、ごく低い速度で、しかし、停止することなく、ハンドルを大きく左に切って左に向きを変えた。どれほど左向きになったかは定かではないが、その結果、乗用車の左側を直進して追い越そうとしていた下川バイクは、左向きになって進路を妨害する乗用車の左側面後部、左クォーターパネル（だけ）に衝突して、そこに前部を突っ込み、拘束された。

　左側面に沿って前方へ擦り過ぎることにはならなかった。

　乗用車が、その程度に、はっきりと左に向きを変えていたことに間違いない。

　しいて、この左偏向角を定量的にいうとすれば、乗用車の左クォーターパネルの変形方向から、34度前後である。付図12（図1-3）、付図13（次ページ図1-9）参照。

　また、下川バイクは、このように左斜め前向きになった乗用車の左側面にだけ衝突しているのであるから、乗用車が左旋回を開始する前には、乗用車走行空間の左側を走っていたことも間違いない。

　にもかかわらず、制動する間もなく、舵で逃げる間もなく、乗用車が極く短時間にこの進路妨害状態になったので、対応の余地もなく、乗用車の左クォーターパネルに衝突したのである。

　このことは、両車の損傷状態が、客観的、かつ、破壊力学的に説明している。

　当然に、まず、衝突する下川バイクの衝突部位は前輪である。その結果、バイクの車体は質量5倍の乗用車に衝突して乗用車の速度まで減速する。しかし、乗員の身体は、慣性の法則により、衝突前の速度方向へ放り出され、下腹部位置でハンドルに引っ掛かり、これを前方に押すから、バイクの車体は、前輪を回転中心にして、付図14（図1-5）の（1）に示すように、前方へのピッチング回転を起こす。その結果、フロントフォークが回転半径となり、下川バイクは、前照灯付近を、前向きピッチング回転しながら、乗用車左クォーターパネ

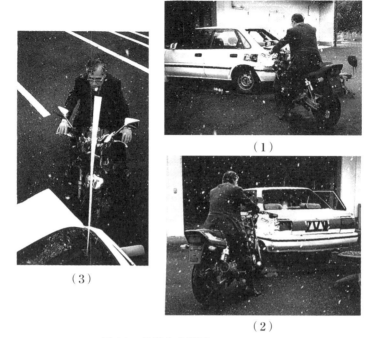

（１）

（３）

（２）

図1-9　林鑑定書付図13

ルのリアオーバーハング部分のほぼ中心部に右斜め前向きに衝突していったのである。このことは、乗用車側の損傷、下川バイク側の損傷、下川の身体の損傷という三面の損傷の状態により過不足なく説明できる。

　乗用車左クォーターパネルのリアオーバーハング部分の中心部の右斜め前向きに押し込まれた損傷は、この位置に、この方向に下川バイクの前照灯付近が前のめり気味に衝突してきた結果である。

　下川バイクの前面の前照灯付近の損傷は、この部分で乗用車最大の損傷部位である左クォーターパネル・リアオーバーハング部分の中心部に前のめり気味に衝突していったことの傍証である。このことは、前照灯の損傷が、下から上方向に押し上げられる傾向を見せていることからも窺える。付図7（図1-4）の（2）、（3）参照。

　下川の身体は、ハンドルに引っ掛かりながらも、前方へ飛翔し、頭部、顔面を乗用車の後窓ガラスに衝突させている。付図15（図1-7）参照。このことは、××医師が見たとおり、下川の顔面や被っていたヘルメットにガラス片が付着していたことからも明らかである。

　下川バイクが乗用車の左ピラー位置より前、車体左後縁線（写真では、赤テープ添付）より右側には衝突せず、左クォーターパネルのリアオーバーハング部分だけに衝突し、かつ、慣性の法則により、衝突前の速度方向に飛翔するはずの下川の頭部が、乗用車の後窓ガラスに衝突していることからも、乗用車が道筋方向に対して左向きになっていたことは否みようがない。

　この推定は、さらに、乗用車の後部左縁線（写真では、赤テープ添付）が、衝突破壊の結果、縦方向から右へ 34 度の方向に移動していることにより、客観的、決定的に裏付けられる。

　衝突を目撃した××医師に、下川が頭部を後窓ガラスに衝突させたあと、元の方向に跳ね返るように見えたのはなぜかというと、下川バイクが衝突によりいったん尻跳ね状態になったあと、ハンドルに下川の身体を腰位置で引っ掛けたまま、重力で後部を路上に戻し、次いで、車体、身体一体で左側に転倒したのが、「下川の身体が跳ね返った」ように見えたものである。

　その結果、下川の左脚は、これも、××医師が見たとおり、左側に転倒したバイク車体の下に挟まれる結果となったのである。

　付図 2（図 1-6）、付図 12（図 1-3）の（2）に見られる長さ 5.6m のタイヤ痕は、乗用車に衝突して、それに拘束されている間に、下川バイクの前輪が路面を擦って付けたタイヤ痕跡である。

　この左方へ偏向するタイヤ痕も、乗用車が道筋に対して左向きになっていたことを傍証している。タイヤ痕の末端がわずかに右向きに偏向しているのは、乗用車を運転していた者が左後方から聞こえてくる衝突音に反射的に反応して右に舵を切って道筋方向へ方向を転換したことを暗示している」

　以上の態様解析のうえ、林鑑定人は科捜研の見解を工学的にありえないと指摘しています。

「科捜研鑑定は、このタイヤ痕を制動痕と理解しているが、そうとすると、このタイヤ痕が末端で右方へ撥ねるということは起こりえないのである。

　質量が 1/5 の下川バイクが、質量 5 倍の乗用車に付図 12（図 1-3）のように追突すれば、衝突の結果、下川バイクは、左側へ押し退けられることはあっても、質量 5 倍の乗用車を押し退けて衝突前より右方向へ偏向することは力学的

に決して起こりえないことである」

　さらに乗用車が動いていたことも指摘します。

「衝突時、乗用車がいく分の速度を持っていたことは、乗用車の左後輪タイヤ左（外側）ウォール部に擦過痕が観測されていることにより傍証される。

**　下川バイクを拘束して引きずる過程に回転したから、この擦過痕は下川バイクと擦れ合って着いたのである」**

（この部分の写真については、36ページの図1-24と25で明示します）。

　このように指摘して次のように結論づけています。

> **　本件事故の原因は、下川の「前方不注視、車間距離不十分」ではなく、××（個人名）の下川バイクに対する予告なしの性急な左折偏向行動による「進路妨害」であることは間違いない。**

第3節　著者本人による事故態様の確認作業と確信

　衝突実験で得られた知見を豊富にお持ちの林鑑定人の鑑定は、事故損傷を解析し、事故態様まで見抜き、真相を明確にする鑑定です。しかし林鑑定人は力学的な解析をベースに論を組み立てられ、細かな損傷部位の特徴から態様を導く手法には懐疑的でした。単なる断面の解釈では、いろいろな状態設定による解釈ができあがり、その事故の態様を見極めるのには適さないという解釈かと推しはかられました。私は仕事で工法検討を行い、部材の加工や解体損傷に関する知識を多少は有しており、総合的な理解を心がければ、間違った判断はしない自信がありました。これらは、誰でもアプローチできる態様解析の手順例になっていると思います。専門知識を有していない読者の皆さんでも利用可能なツールも開拓されていて、紹介する意味もあると思われるので、以下に事故の真相を私なりにフォローして解明した手順を示します。

1. 両車両の衝突部位

最初のコンタクト点や主要打撃点を見いだすには、両車両の4面図の側面

図が有用です。事故車の４面図を得るのが最良ですが、メーカーに要求して
も得られませんでした。事故直後に接触した損害保険関連調査会社の鑑定人か
ら、高さや形状の大局は変わらないとのアドバイス付きで入手した似た車種の
４面図の側面図を使って検討しました。

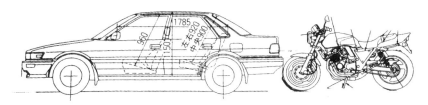

図 1-10　通常走行時の側面突きあわせ図

　バイクが乗用車後部に最初に接触するのは、バイク前輪の先端です。通常の
走行状態であれば、バイクのハンドル付け根は乗用車後部トランクより上の位
置になりますが、乗用車やバイクがブレーキを踏むと前が沈み、後ろが上がり
ます。乗用車がブレーキを踏みながら走行バイクを巻きこんだときには、バイ
クハンドル付け根は、乗用車左クォーターパネル上部付近に当たることになり
ます。

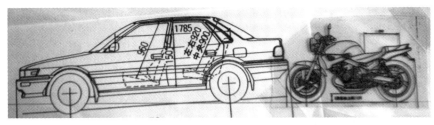

図 1-11　乗用車ブレーキング中左巻きこみ時の側面突きあわせ図

　ここで相手乗用車の左側面後方の下方フェンダー部を見ます（次ページ図１
-12 参照）。

　乗用車の左側面下部フェンダー後方数十センチほど前で、黒い横帯からほぼ
同じくらい下がった場所から前に向かって、面状に広がる擦り痕があります。
この紡錘型の擦り痕の後先端が、バイク前輪の先端が最初にコンタクトしたと
ころで、バイク前輪が斜めに遮られ、押しつけられたので、擦り痕が紡錘状に
広がって付きました。乗用車の後方には当たり疵はなく、この左側面に最初の

波状の剥がれ

紡錘型の
擦り痕後先端

図 1-12　同行者が撮影した乗用車後方側面写真

コンタクト点があります。

　後に図 1-19 で詳しく触れますが、黒い帯の上フェンダー上面の水平部に黒い擦り痕があり、奥際に刃物で切ったような波形の削り痕があります。バイクの車輪とハンドルを繋ぐ両サイドのフロントフォークの伸縮継手の下に泥除けを止める固定金物がこの高さにあり、車輪より外側にあって下端が硬く鋭いので、乗用車後端部のアルミ製の押さえ金物を切断し、押しつぶされた樹脂製フェンダーの最も内側をそのままの位置で圧しきって、波状にしたのです。

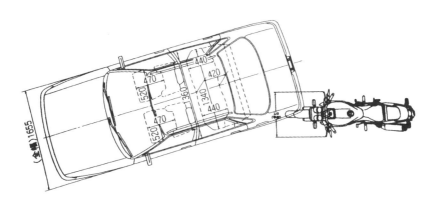

図 1-13　左巻きこみ時の突きあわせ平面図

フロントフォーク伸縮継手

泥除け固定金物

図 1-14　バイク右ホークと継手下泥除け
　　固定金物（（11 月 24 日撮影）

　バイクの主要打撃点のハンドル付け根は、前照灯を前に、乗用車左後方クォーターパネル隅部に当たって、内側下方向に押しこんでいます。乗用車に残された押し込み量は林鑑定人が計測表示したように、前に 300mm、下に 200mm、内側に 100mm です。

ケーブル被服擦損

図 1-15　バイクハンドル打撃点右側
写真　　　（184 ページ図 1-15 参照）

押しこまれた部分

図 1-16　乗用車左押しこみ部写真（11 月 24
日撮影）　　（185 ページ図 1-16 参照）

　乗用車の押しこまれた部分は、前側に板を押しつぶし、押しこまれたので擦られていません。バイクハンドルの付け根のケーブルは擦損し、乗用車注油孔

の後側で写真斜め右下内側に向かう、青黒く色の付いた擦り疵は、バイクケーブルと電線で激しく擦られ、塗料は削りとられ、一番内側は押しこまれて光っています。そのすぐ下にミラー破片が残り、押しこみで擦りつぶされていないために形状を保ち粉砕されていません。バイクハンドル付け根部が、乗用車注油孔の内側に繋がった注入パイプなどの堅牢な材（外板の内側にあります）に押しとめられ、内下側に押しこまれた擦り痕であることがわかり、側板が前におしたたまれて注油孔の蓋を開きました。蓋は外れても損傷していません。警察の見立てのように後ろからそこ外側に擦っていったなら蓋を大きく損傷変形させたはずなのです。乗用車注油孔後ろの擦り痕は、外から内側への作用であったことを示しています。この作用は、衝突を受けてずれてゆく過程を示しているので、林鑑定人が変位量から求めた衝突角は、多少の修正が必要かと思われます。

事故前のミラーやメータ

図 1-17　バイクハンド
ル付け根写真
（11 月 24 日撮影）

図 1-18　浩央撮影のバイク写真

　バイクのハンドル付け根の前にあるメーターは脱落し、下から力を受けた前照灯も脱落し、その固定金具も座金もつぶされ、ケーブルは断裂寸前です。このバイクのハンドル付け根中央部が前照灯を伴って乗用車左鋼板を押しこんだ物体です。しかしバイクのサイドミラーに損傷はなく、ハンドル中央が頭から突っこんだ形態を示し、警察の右傾斜追突を否定しています (警察の見立て

どおりならば、右サイドミラーが激突して損傷していたはずです）。

　乗用車フェンダー左側面上面最後部で、黒くえぐられ持ちあがった円状の痕跡の詳細を下に示します。前記したように、ここにバイクフロントフォークについた泥除け支持金物の下端が最初にコンタクトし、アルミ製押え金物を裂断し、フェンダー上面を円形に削りました。次いでフロントフォークがフェンダー全体を圧して黒帯の下の打撃痕を残したので、樹脂フェンダーは変形して外れ、少し飛び越えてその先のフェンダー側面を擦って支持金物左端で波形の削り跡を残しました。図 1-19 に示した写真のフェンダー左後部の黒い帯の下に黒く当たり痕があり、下から斜め上にフロントフォークとの打撃接触痕を残しました。

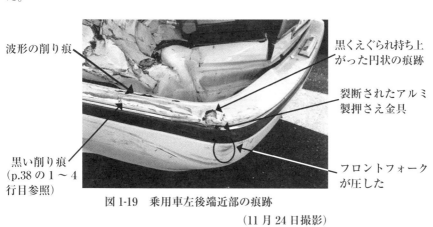

波形の削り痕

黒くえぐられ持ち上がった円状の痕跡

裂断されたアルミ製押さえ金具

黒い削り痕
（p.38 の 1 〜 4
行目参照）

フロントフォークが圧した

図 1-19　乗用車左後端近部の痕跡
（11 月 24 日撮影）

　参考までに乗用車後部には、最初にぶつかるバイク前輪等の打撃痕はありません。

図 1-20　乗用車後部写真（実況見分写真より）

2. 両車両の衝突角度

　乗用車とバイクの衝突角度は、乗用車の主要打撃変形部の変位量から林鑑定書（付図6［19ページの図1-2]）でほぼ34度とされました。これは浩央のダメージと乗用車トランクリッドの痕跡からも林鑑定書付図15（24ページの図1-7）で示されました。

　乗用車押しこみ写真に示した写真のトランクの蓋は左端がめくれ、30cmくらい内側に入った後部上端が凹んでいます。この凹みは、浩央が右手尺骨を骨折した場所です。トランク蓋の左端が内側にまくれています。乗用車の斜め内側に浩央が向かったために浩央の上着に引っかかって折れまがり、この方向は、乗用車注油孔後ろの内側に向かう擦り痕と一致しています。

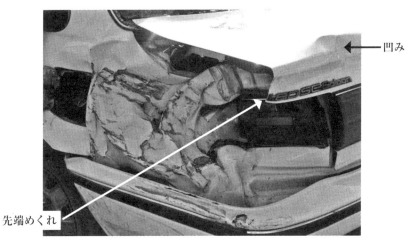

図1-21　トランクリッド後ろ面の凹み

　浩央の着衣などがどうであったかを示します。

　浩央の上着腹部にかぎ裂きがあり、右下に斜めに白色塗料が付いています。これがトランクの蓋左端で引っかけてできたかぎ裂きです。わずかに白色塗料が付いており、乗用車にも着衣ズボンにも、ほかに白色塗料の痕跡や打撃痕がないので間違いありません。中央ボタンの10cmくらい下が黒く、少したるんでいます。右ハンドル先端がここを突いて肝臓を打撃した可能性が高いと思われます（49ページ図1-46に示します）。また、ヘルメットにはガラス片が斜めに食い込んだ痕があり（事故直後にはガラス片が食い込んでいたようです）、警察の見立てであれば慣性で進行方向に飛ぶはずの浩央が、乗用車ウイ

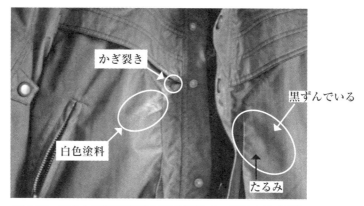

かぎ裂き

黒ずんでいる

白色塗料

たるみ

図 1-22　浩央上着腹部鉤裂き写真（185 ページ図 1-22 参照）

図 1-23　ヘルメット正面損傷写真

ンドウガラスに向かって斜めに叩きつけられたことは間違いないと思われます。

　衝突時の角度は、押しこみ時の抵抗や注油孔後部にある内側下への押しこみ滑りもあり、若干林鑑定とは異なる可能性はありますが、斜めに左折巻きこみされたことは間違いなく、衝突角度は、後に述べる路面タイヤ痕の侵入角度十数度 (46 ページの図 1-42 の説明) との間の角度となります。

3. 衝突姿勢

　実況見分調書添付写真で影になって、真っ黒になっていた乗用車左後輪の側面を次ページ図 1 -24 に示します。同じく次ページ図 1 -25 に事故後 1 か月後

図1-24　見分写真明細度調整左後輪側面写

図1-25　警察署で撮影した乗用車左後輪側面の擦り

に警察署で撮影した写真を示します。周方向に断続して一周する擦り痕があります。映像処理をしなくとも明瞭な擦り痕ですが、乗用車の鋼板変形に目を奪われてしばらく気がつきませんでした。停止車両に対する追突ならば地面に平行に付く擦り痕が、周方向にあるのは、乗用車が動いていたからです。乗用車は、停止していませんでした。実況見分写真では真実が見えないようにして掲載されています。影で隠された掲載写真から事実を探しだす作業をしたり、なるべく早く自分自身で事実を記録することの大切さがわかります。

　乗用車の反対面である右側面後部の写真を見ると、後輪の後ろに泥除けがあ
りますが、今までご覧いただいた左側面の後輪の後ろには、ありません。事故
10 日後に現地に行ったときに路側にまとめられていた落下物を図 1-26 に示し
ます。落下物写真の左下にあるのが、後輪後ろの泥除けで、数十 cm あります。
その上の同じく数十 cm あるバイク前輪泥除けを含め、事故直後どこにあった
のか実況見分調書には記録がありませんでした。乗用車後輪後部にバイク前輪
が割りこみ、この部品が脱落しました。ここで、乗用車左後輪の後ろに着目し
ます。乗用車の白い樹脂製フェンダーの車輪のすぐ後ろ、左後部フェンダーの
前端には、縦に黒い擦り跡が残り、上部は前におされてひしゃげています（図
1-27）。この位置にバイク前輪がはまりこみました。だから、白いフェンダー

図 1-26　路側に集められた落下物（事故 10 日後写真）
（186 ページ図 1-26 参照）

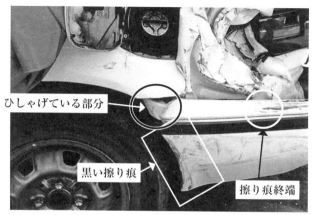

図 1-27　左後輪とフェンダー（事故 10 日後写真）

水平上面にある、バイク泥除けと擦って付けた黒い擦り痕は、途中で止まっています。泥除けは折れて飛散しました。フロントフォークは乗用車左後部フェンダーの途中でおすのを止めたことになります。ピッチングしてバイク後輪が持ちあがったからでもあります。

　ここでバイク前輪と後輪の側面を観察します。

　バイク前輪側面には何か板状鉄板で擦られてささくれだった荒れ面と横に筋状の擦り跡が付いており、一周しています。後輪にはそのような荒れた面や擦られた痕跡はありません。バイクがコーナリングして傾斜走行したときに付くことのある、細かな荒れ面とは異なる荒れ方です。

図 1-29　バイク後輪荒れていない面

図 1-28　バイク前輪側面を 1 周する荒れた面

　バイクフロントフォークには当初黒い粉が付いていましたが、やがてなくなりました。次ページ図 1-30 に示します。わずかに前輪軸に残った微粉を化学分析すると、タイヤに特徴的なスチレンが検出されました。乗用車に拘束され引きずられたバイク前輪が擦れて黒い粉を飛ばしたのです。

　また、次ページ図 1-31 で乗用車後部を少し後ろに下がって見てみると、おしこまれた左後ろのクォーターパネルが下に水平に抑えつけられた面の中央に後ろから前内側に向かって嶺状の突起があり、水平に折りたたまれた外端が黒い線状に塗装がはげています。バイク前輪側面を擦った部分です。一方バイクのオイルタンク右面には、乗用車のこの嶺状の突起と同じ長さの溝があり、その後端には塗膜がはがれて浮いています。バイクのオイルタンクは乗用車にはまりこみました。浮いた塗膜は擦られればはがれてなくなります。おしこまれ

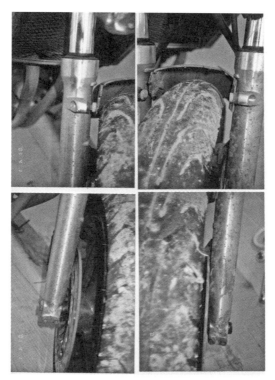

図1-30　フロントフォーク等に付いた黒い粉（大分なくなっている）

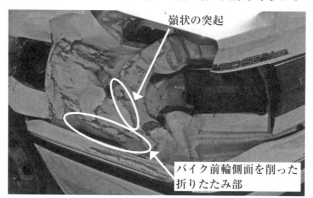

図1-31　乗用車のおしこまれて山状になった部分

（186ページ図1-31参照）

てはまりこんだので浮いて残りました。「砲弾のように貫いた」という警察の見立てではありえない形態です。バイクフロントフォークなどの前面に付いていた粉は、事故直後藤本交通課係長に、「大事な証拠だから触ってはならない」

と制止されました。オイルタンクの溝にある塗膜片は、触ればはがれることがすぐにわかりましたので、自分でも触れませんでした。いずれも特徴的な証拠ですが、実況見分調書では、まったく触れていません。都合の悪い証拠はなかったことにしたのでした。

図1-32　バイクオイルタンクのおしこまれた凹みに残った塗膜片
（186 ページ図 1-32 参照）

　これらを総合すると、動いている乗用車の左後輪の後ろにバイクの前輪がはまりこみ、ピッチングして後輪を撥ねあげたバイクは、オイルタンクを乗用車に斜め横向きに倒しこみ、その重みで下に畳みこまれた乗用車の外板の外側で、引きずられながら回転するバイク前輪の側面を擦ったことになります。擦った証拠については後述します。

　衝突の様子をCGで示しました。衝突時の様子を取りだしたのが下図です。

図1-33　ＣＧ抜き出し図

　裁判では、他の部品のはめあいなども提示し、両車両の作用関係を、このように痕跡から求めているのですが、ここは、基本的な理解を得るのが目的なので、これ以上は触れません。

4. 衝突位置

　事故後10日を過ぎて警察署を訪れた私は、応対した課長から道路一面にガラス片が散らばった写真を1枚見せられています。ところが警察実況見分の事故直後の写真には、このガラス片が写った写真が1枚もありません。交差点停止線にある1個のメーター部品を除くと、走行路面に飛散物のない実況見分調書添付写真で、飛散落下物は掃きよせられていたとの記述があります。事故直後の状況と実況見分調書添付写真との間には時間差があります。事故直後の写真には、警察の見立てを覆す証拠があったためなのではないでしょうか。

　衝突位置にはこのガラス片をはじめとした飛散落下物があり、これらの離脱落下した部品は衝突地点を中心に飛散します。10日後に現場に行った時に、交差点停止線近くの路側の一箇所に飛散物が集められていました。37ページの図1-26に示しました。バイク前輪の泥除けと乗用車左後輪の60cm近くの物体のほかにバイクのメーターやケースがあり、乗用車後部ウインドウガラスのガラス片と乗用車とバイクの赤橙色の車幅灯・ブレーキランプの破片が少々ありました。事故現場のどこかになければなりません。

　最初の弁護士が、警察にネガを要求しなかったので、確かな証拠写真が入手できませんでした。そこで、刑事裁判が終了した時点で弁護士会館で紹介されたカメラマンに地検所管の実況見分調書添付写真を接写してもらいました。この写真は実物の添付写真と同じ写真と見なせます。そこで、写真編集ソフトにその写真を読み込み、疑わしい部分を拡大して落下物らしきものがどこにあるか、精査しました。改めて画像処理をする会社に精査検出を依頼し、添付写真の遠景・中景・近景写真から、次ページの図1-34、35、36のような検出物が摘出されました。丸印で囲ったものが検出物です。

　これらの検出物を道路図面上に展開してもらったのが43ページの図1-37です。

　交差点停止線より6mから12mほど手前に路面に書かれた方向指示があり、その左側路面に斜めから進行方向に形が変わる路面タイヤ痕があり、警察の実

図 1-34　遠景写真検出候補物摘出写真（187 ページ図 1-34 参照）

図 1-35　中景写真検出候補物摘出写真（187 ページ図 1-35 参照）

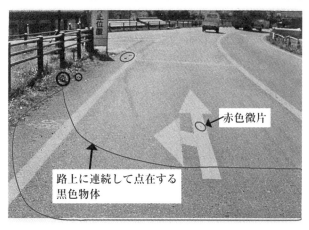

赤色微片

路上に連続して点在する
黒色物体

図 1-36　近景写真検出候補物摘出写真（187 ページ図 1-36 参照）

況見分写真に写っている停止線近くのメーターの一部らしき部品のほかに、路側の6m前や12m前近くにメータ部品らしき落下物があり、赤色系破片が十数mから30m手前に検出されました。交差点近くに停止していた事故車に追突して破砕され飛散したにしてはあまりにも不自然です。

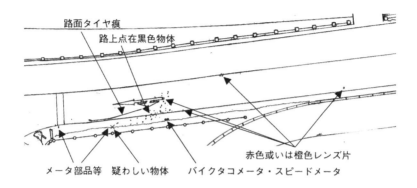

調査検出物配置平面図

図1-37　調査検出物配置平面図

　また、検出物が事故車によるものと特定するために、事故車の車幅灯を購入して撮影し、その印画写真を用意し、遠景写真で路面方向表示手前にある赤色系物体と中景写真中央線の塗膜割れ目にいくつも散らばっている赤色系微細片を、各写真を検査する分光分析器で識別できるまで拡大印画して（次ページ図1-38）、それぞれを同じ分光分析器で分析し、データを得ました。それらの波長分布パターンが同じことから、乗用車車幅灯の赤色系破片がその場所に散らばっていたことを示しました。次ページ図1-39は計測データを周波数帯域の分布パターンが一致していることを表わした図です。

　この乗用車車幅灯の破片があった場所は、交差点停止線から10m以上手前と18mほど手前の位置です。交差点から10m以上は離れています。路面の方向指示より交差点寄りにはまったく存在せず、もっと手前にしか分布していないのが特徴です。衝突地点は、この破片が発生した地点で、交差点停止線より10m以上手前です。

　念のため、乗用車車幅灯の破片を用意し、事故現場と同じような交通量の、自宅近くの道路の中央線の塗装割れ目において、1週間経っても

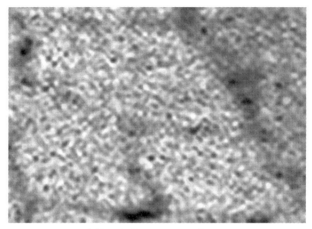

図1-38　中景写真塗装割れ目の赤色物拡大写真

（188ページ図1-38参照）

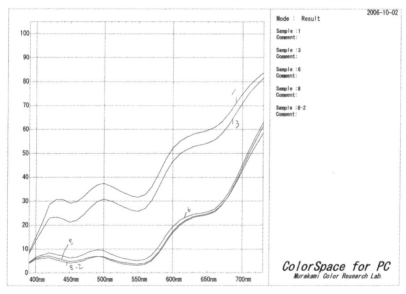

図1-39　分光分析結果波長分布パターン図（188ページ図1-39参照）

残っていることを確認し証拠写真も撮影しました。

５．車両間の作用と移動

接触後両車両はどのように作用しあい移動していったのでしょうか。

路面のタイヤ痕を平面図に展開し、軌跡と特徴を客観的かつ計量評価できる

状態で把握することが望まれました。事故直後調査を依頼した保険会社調査会社から入手できなかった平面詳細形状です。幸い、実況見分調書添付写真を接写していたので、タイヤ痕が写った近景写真のフィルムからA3に拡大して印画してもらいました。この写真には直線道路が写っていましたので、路側線と中央分離線を延長して消点を求め、3mの道路幅を6つに分割して50cm間隔の透視線とし、路面タイヤ痕を囲む部分については50cmピッチの透視線の間を5等分して10cmピッチの透視線を描き、さらに路側に立っているガードパイプ柱が2mピッチであったので、停止線と平行に2mピッチの平行線を引きました。

図1-40　A3印画紙に消点と平行分割線を引いた近景写真

透視写真から平行座標を得る機能がPhotoshopソフト（CS2）にありますが、専門業者に依頼して、その機能を利用したのと同じ平面画像を得、進行方向に等分線を書き込んで平面座標に路面タイヤ痕を載せた画像にしました（次ページ図1-41、42）。

　ここで得られたタイヤ痕は、斜め外側にまっすぐ進み(進行方向十数度の角度）、路側線に沿って進行方向に平行な直線に大きな弧でスムーズに連続し、制御性を有した物体が斜め進入して進行方向に向きなおる軌跡でしかありえな

図1-41　Photoshopで得た2次元路面タイヤ痕画像（直交座標化）

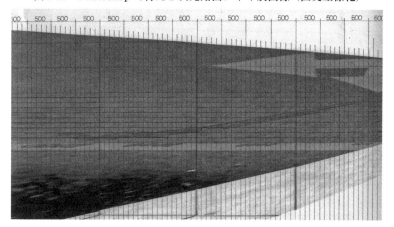

図1-42　縦横グリッドを入れた2次元平面画像

いことが示されました。

　鑑定人や大学教官に聞いた話ですが、バイクが急ブレーキを踏むと、ハンドルを手で押さえていてまっすぐ進行方向を保持しないかぎり、曲がりが入った途端ハンドルを取られすぐに跳ねとばされたり、くねくねと不安定な曲線を描くしかないそうです。バイクが明らかな直線で大きくてスムーズな弧を挟むブレーキ痕を描くことは不可能です。

　直交座標化した平面画像（図1-42）を見ると斜め外にまっすぐ直線で入っており、大きな弧に続く路側線平行部は、事故1か月後の現場で現地調査員と警察が上書した路側線に平行であることを示しています（図1-43）。

　直線と直線を結ぶ弧の部分との接続部と終端近くが不連続になっています（次ページ図1-44）。バイク前輪が乗用車左後輪の後ろにはまりこんだ機構が、

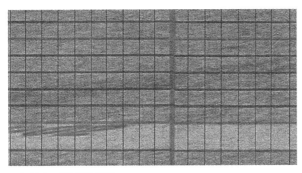

1-44-1　両直線の間

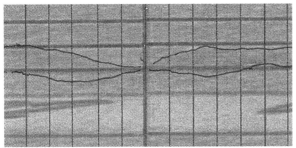

1-44-2　終端近く
図 1-44　タイヤ痕の不連続な部分拡大

路側線に平行な
白墨（タイヤ痕）

図 1-43　事故 1 か月後撮
影のタイヤ痕白墨

がっちりと堅固に拘束したはまりこみではなく、方向変換でははまり方が変わるようなはまりこみの状況であったことを示しています。

　事故 10 日後にバイクを見ると、フロントフォークには細かいゴム粉と油が付着しており（バイクが警察から返されたときにはこの黒粉はほとんどなくなっていました）、バイク前輪には薄板片で強く擦られたときにしかできないようなけばだった面が一周しています（38 ページの図 1-28）。これをしたのは同じく圧しこまれて、畳みこまれて端部が真っ黒になっている薄板片の折りたたみ端（39 ページの図 1-31）と考えるとむりがありません。

　路面タイヤ痕には模様などは存在しません。ブレーキによるスリップ痕の場合、衝突したところにスリップしたタイヤの模様が印象されますが、現場は一様な黒色で、バイク前輪も回転しながら引きずられた痕跡であることを示しています。したがって、バイク前輪側面の荒れ面も一周しています。

　前記したように乗用車にも、走行し、バイクを引きずったことを示す痕跡があります。

実況見分調書では、乗用車の左後輪は影で擦り跡が見えないように掲載され、言及もありません。接写した実況見分添付写真を画像処理ソフトに取りこんで明度を変えていったところ、側面を断続しながら一周する擦り痕が現れました。36ページの図1-24と25に示しました。

　また、路面タイヤ痕の始点は幅が3cmほどで1m弱続き、突然10cmほどの幅に広がります。この太さが変化したところは、ピッチングして前に飛びだそうとして浩央がバイクハンドルに腹部肝臓をえぐられ、体重を掛けてバイク前輪を押しさげたところでしょう。

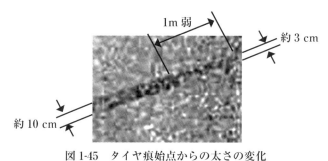

図1-45　タイヤ痕始点からの太さの変化

6.事故態様

　両車両の衝突打撃面の特徴は、乗用車によるバイクの左折巻きこみとバイクピッチングを提示し、飛散落下物、特に乗用車車幅灯破片の存在は、路面方向表示より手前側で衝突したことを示しています。特に42ページの図1-36で示し、43ページの図1-37図で路上点在黒色物体と示した、路面に擦って飛び散り振りまかれた、タイヤゴム粉やオイルによる黒い点状の痕跡が、路面にある方向指示標識の後部付近で衝突し、路面タイヤ痕に添ってバイク前輪を拘束し、浩央を伴って路面タイヤ痕を乗用車の左面の経路として進行したことを示しています。

　今少し詳しく事故態様を考察します。

①バイクは、衝突してからタイヤ痕を付けるまでの空走距離があり、バイクが巻きこまれた位置は、道路中央近くの道路方向指示標識の手前付近と考えられます。

②路面タイヤ痕の始点部分が直線で曲がりの要素がないことから、乗用車は反

対車線を走っているか、反対車線に車を乗りだした追いこし状態で走行していたと考えられます。斜めに侵入し、巻きこみ、慌てて交差点の停止線を越えて停止しました。

③前輪を左に払われ、乗用車左後輪に拘束されて、浩央はハンドルを取られ前に飛び出し、右手を乗用車トランクリッドにぶつけて右手尺骨を骨折しました。拘束され回転したハンドルの右グリップに腹部を打撃され肝臓を破裂させ小腸を一部壊死させました。衝突寸前にバイクハンドルが腹部を直撃した状態を再現撮影した写真を図 1-46 に示します。浩央の損傷記録は 24 ページの図 1-8 に示しています。

図 1-46　浩央腹部ダメージ時再現撮影写真

図 1-47　浩央が右手を骨折した凹み

図1-48　ヘルメットに斜めについたガラス片痕跡

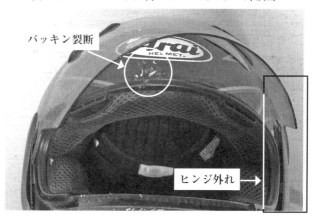

図1-49　ヘルメットヒンジ外れ、クッションパッキン裂断
　　　　写真

④乗用車が進行方向に向きを変えたあたりで、ハンドル先端で腹部を打撃され
　ています。浩央は乗用車が進行方向に旋回する動きで回転させられ、ヘルメッ
　トごと乗用車ウインドウガラスに頭を突っ込み、ガラス片を飛散させ、ヘル
　メットには斜めにガラス片が食い込み、カバーは曲がり、片側ヒンジが外れ、
　クッション材はつぶれ裂断しました。

⑤乗用車の運転者は、頭を突っこんでいる浩央に気づき、振りはらうために右方向にハンドルを切り、交差点に入って停止しました、

⑥乗用車が腰を振って、振りはらわれた浩央バイクははがされ、乗用車の左側に倒れこみました。タイヤ痕の最終端は、実況見分添付近景写真の該当部を拡大して図1-50に示します。当時立ちあった警察官、藤本係長に確認しましたが、記録した形状は筆で墨を止めたように先が丸まっていました。浩央バイクは、回転しながら乗用車から離れて、その左側に倒れこみました。

図1-50　路面タイヤ痕最終端が丸まっている

⑦浩央は、バイクにまたがった姿勢で乗用車の左脇に倒れこみ、起きあがろうともがきました。

⑧いあわせた鹿児島の医者・看護師一行が駆けつけ、バイクを起こして浩央を路側に寝かせて触診し、肝臓がやられていると判断し、駆けつけた救急隊に「肝臓をやられている。早く運べ」と伝えました。

第4節　調べなければわからない事故発生原因

1.追いこし

　乗用車が反対車線を走っていたのは、前記のごとく間違いありません。林鑑定人は鋭角に交わる支線に入るために大きく回りこんだと推測されましたが、衝突地点は交差点から10m以上手前で、乗用車の進入開始は15〜20m手前と考えられるので、それは成りたちません。バイクを追い越そうとしていたとみる方が妥当です。

　浩央は、勇壮な火山カルデラを眺望したあと、300mほどの見通しの良い直

線道路を走行し、左側の先にのぼり旗が林立するのを見かけ、初めての道なので少しスピードを落とし、何があるのか幟旗や施設を見きわめようとしていたのだと思われます。

　一方の乗用車は、後ろに荷物を積んでいました。昼時で急いで届ける先があったのかもしれません。後ろから荷物を取りだした形跡があります。後部座席に箱が2個並んで置かれ、箱の上には、55ページの図写真1-55に示すように大量のガラス片がまき散らされ、箱の中には均等に被さっていたはずのガラス片がこぼれ落ちただけのわずかなガラス片があり、蓋が開けられています（図写真1-52）。どこに何の目的で急いでいたかはわかりませんが、とろとろと走るバイクに業を煮やして追いこしを計ったのではないでしょうか。相手が会おうとしませんので、推測です。警察は、事故直後に乗用車を観光施設の前に移動し、その後相手が頼っている先の駐車スペースにさらし置きし、いずれにせよ積載物を自由に出し入れできる場所に置いていたので、取りだしは可能な状態で保管していました。

箱（もう蓋は閉まっている。人が乗っているようには見えない）

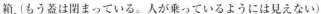

図1-51　移動した乗用車後部座席に詰まれた箱（実況見分直後の写真）

図1-52　箱の蓋が開いた写真

いずれにせよ、バイクも乗用車も走行していましたので信号は青だったと思われます。

2. なぜ走行車線に戻ったか

交差点の信号は青だから乗用車も浩央バイクも走行していました。そして幟旗が出てきて少し遅めになったバイクを追いこしにかかったところ、カーブの向こうにある反対車線に車が現れたか、接道する支線の下から車が現れて、衝突を避けるために慌てて自車線に戻ろうとしたのではないでしょうか。支線から走行道路に坂の下から入ってくる車を乗用車が目にして、それこそ慌ててブレーキを踏んで止めようとしたので、追いこせるはずのバイクの前を遮り、バイク前輪を引っかけ、巻きこみ、すぐ前を遮られ拘束されたので、バイクはピッチングして浩央の腹部を打突する重大事故になった疑いがもたれます。前に述べた痕跡結果から導いた推測ですが、今少し詳しくみてみます。

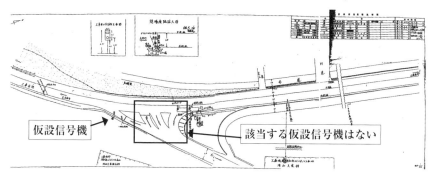

図1-53 事故直後添付交差点。工事場所道路図

交差点の左側には観光施設があり、事故2か月後まだ工事中の現場を撮った写真には、道路左側に幟旗が林立し、また工事中の立て看板が何枚も立てられているのが見えます。この幟旗が浩央の目をそちらに奪い、確認するために走行をゆっくりさせたのでしょう。支線交接の表示板もなく、幟旗や立て看板が林立しているので、初めて来た浩央からは支線があることも、坂になっている支線の下から車が入ってくることもわかりませんでした。

坂の下は、小屋も隠れるくらいの低さで、支線に車がいることは浩央からはまったく見えなかったでしょう。しかし、乗用車は反対車線に入っていたために、まさに交差点に入って向かってくるのが見えたので慌てて停止しようとしたのです。

追加設置の仮設信号機

図1-54　事故後こっそりと無断で追加された仮設信号機（11月1日撮影）

　図1-53にある交差点に注目してください。実はこの工事中の交差点に魔物が住んでいたのです。交差点の交接部の先に仮設信号機が1基置いてあります。本来ならば、本線と支線にそれぞれ1基、つまり乗用車とバイクが進入してゆく側に2基の仮設信号機を置かなければなりません。ところが信号機が1基なので、信号機が青であると、支線から本線に入ろうと車が下から入ってきてもおかしくないのです。信号機の手前に停止表示があると言う方もいますが、停止表示は向こうに走り去る方向に付いていて、こちらに向かう車線には何の表示もなく、観光施設に初めて来た方には、青信号で交差点に進入するのに不自然はありません。事故直後お会いした、親族に警察官がいるという方が、「この交差点は危険な交差点で、いつ事故が起きてもおかしくないと、通るつどに話していた」と聞かせてくださいました。改めてその意味するところがわかりました。さらに言うならば、このような工事箇所には、誘導員が置かれるのが一般的です。なぜ置かれなかったかも疑問の一つです。誘導員がいれば防げた事故でしょう。事故後交差点に入る停止線のところに仮設信号機を設置し、説明もせず、不備を糊塗しようとしています。

3．事故直後なぜいなくなったのか

　事故直後に駆けつけた方の証言では、相手は、事故直後しばらく乗用車の中にいて、出てくるや、倒れている浩央にはいっさい目をくれず、「私が悪いんじゃない」と言いながら、支線に走って行ったそうです。普通ならば、救護しよう

と倒れている被害者に駆けより、救急車を呼ぶなりするところです。地元の人です。その気になれば、いろいろな術を知っていたはずです。

1）事故直後の状況

走り去った交接支線の先、事故現場のすぐ左には観光施設の駐車場があり、その先に、駐在所がありました。53ページの図1-53の右下隅のあたりです。事故現場のすぐ目の前で、声も届く位置です。しかし警察官は来ませんでした。すぐに駆けつけたお医者さんの話では、事故直後最初に駆けつけたのは隣町から来た救急車です。不思議な話です（たまたま健康診断で向かいの施設に来ていた町の看護師さん2人が駆けつけてくれました。しばらく経ってから警察官が来て、免許証を見ていたという話もあります）。

また、事故直後の添付写真のうち、右後方から乗用車を写した乗用車の後部座席には、その段ボール箱が2個写っています。1年2か月後林鑑定人と警察署を訪れたときに段ボールの中を覗いたときの写真（図1-55）には、下に新聞紙が敷かれ、ビニールテープも写っていました。全体を覆っていた物を取りだしたときにこぼれ落ちたと思われるガラス破片が少しあります。新聞紙で養生し、テープで移動を防がなければならないものが入れられていたと推測するのは無理がありません。リアウインドウガラスの下はびっちりとガラス破片が積みかさなっていて、すぐその前ですから、空箱だったならばその中にも大量のガラス片が積みかさなっていなければなりません。塞いでいた物を取りだしたあとこぼれ落ちた状態としなければ説明がつきませ

図1-55　林鑑定時の段ボール箱の状況

ん。事故直後、工事中の職人たちは、後部座席に2人いて、それが出てこないので不思議がっていたそうです。人の頭に見間違える何かがあったのでしょう。

　また、現場に駆けつけた方の話では、救急車で浩央が運びだされるまでとうとう相手は戻ってこなかったとのことです。

　後日相手の勤め先を訪れると、商品として花や植木鉢が並んでいました。背の高い花や植木を段ボールに入れて運んでいたと考えるとつじつまが合います。時刻も昼を過ぎていて、納入先が組合や企業であると、昼に食いこんでいたので急ぎ、追いこしを計ったのもうなずけます。相手が接触を避けており、事情を確かめられないので、残された証拠類からのあくまでも推測ですが。相手は一貫して被害者と主張しています。そうであるならば逃げまわる必要はありません。会って被害状況をどうどうと主張すればよいだけなのですが。

2）直接対面

　事故直後病院に駆けつけ、2日後死亡したときに、やってきた警察官が「事故原因はバイクの追突で、相手は地元の普通の主婦だ」との旨伝えてきたので、まず詫びなければと菓子折を持って警察署を訪れ、相手に詫びたいので会わせてくれと申し出ました。まず事故現場を見、事故両車両を見て、疑問が頭に浮かび、確認する必要が出てきました。「会いたくない」との返事だったようですが、悪いのは浩央で、詫びるのに問題はないでしょうと、改めてお会いできるようにお願いをし、事故現場に隣接する駐在所で待ちました。

　相手は親族と一緒にやってきました。藤本警察署係長は、「××ちゃん」と親しげに声をかけ、座る場所に誘導しました。まず、追突に対する詫びを入れました。そのうえで、「浩央の死を無駄にしないよう、これからしてゆきたい」「真相を知るのに、いくつか疑問があるので、教えてほしい。本当のことをお話いただければ、もし貴方が悪くても責めることはしません」と伝え、また、「真相を知るためにはどんなことでもします」と伝えました。そうすると、同行していた親族が相手の脇腹を軽くつつきました。「言ってしまったほうがいいよ」と促したように見えました。ところが同行していた藤本係長が、「悲しがっているのだから、これ以上言ってはいけない」と会話を止め、すぐに退散させてしまいました。親族が死んで哀しいのはこちらです。また、真相を確認するだ

けなのに、なぜ会話を遮断したのでしょうか。なすすべもなく、面談が終わりました。

3）調査で判明した事項

　扱いが異常なので、5年半経ったころに調査事務所に調査を依頼しました。

　驚くことに、事故現場に隣接する駐在所の元駐在員が彼女と親しく、また、彼女の父親は、役場の総務課長や建設課長を歴任し、いずれは町長になると嘱望された方だとのこと。町の行政に携わる方や警察行政に関わる方に忖度が働くであろうことは、想像できます。

　何より藤本係長が親しげだったのが、最も気にかかったことです。

　事故直後に相手が、その元駐在員（当時他の地域の駐在員でした）に連絡を取ったとするならば、すぐに支線の方に走りさったのも、駐在所からその元駐在員に連絡を取っていたのかと合点がいきます。なかなか出てこなかったのは、逃げきるための術を思案していたからだと推測でき「私が悪いんじゃない」との言葉を発して走ったのも、その気持ちが言わせたのだと合点できます。

第5節　学者として警察鑑定に憤激して作成された菅沢鑑定

　自動車工学をご専門とする諸先生に、解析や鑑定のご協力のいかんを尋ねて廻りました。「工学的にあまりにも不自然な解釈が行われていることに驚き、初歩的な工学的知識で説明できる範囲で、妥当と思われる解釈をした」と、菅沢深先生から鑑定書をいただきました。

　一度刑事事件としてまた民事事件として最高裁までいっても裁判所に耳を傾けてもらえず、いろいろ調べた結果、警察が実況見分時点から捏造していたとの結論に至ったので、それを争い、改めて東京地裁に提訴しているときでした。

　菅沢鑑定は、林洋鑑定でご指摘いただいた内容と当然同じでしたが、言葉だけだった指摘を、工学的解析で解きほぐしていただいた内容でした。警察の見立て想定がまったく成り立たない、科捜研がいかに欺瞞的かを示すものでもあります。緻密で、略すことができませんので、以下に全文を掲載させていただきます。

　数式を使った解析で文系の方にはわかりづらいと思いますが、速度や加速

度の定義式を変形して計算されたり、運動量保存の法則や運動量変化と力積の関係を示す式に基づいたものです。力学を学んだものにはむりのない説明です。式を導いた過程をご説明いただいております。末尾に補足しますので、ご参考にしてください。

概　要

事故後残された以下の客観的事実から、事故の状況を推定した。

　　①：車両に残された、バイクにより付けられた傷
　　②：道路に残されたタイヤ痕

　車の運動を扱い慣れたものであれば、①②からは「車両左折時の、バイク巻き込み事故」が、最も無理のない形態として想定され、これを仮定することにより、定性的には全てを説明することができる。
　しかし、一応確認のためこの仮定で具体的な数値を計算した場合に、異常な値（例えば減速加速度が１ｇを超える等）が出ないかを確認した。

　また、「停止中の車両へのバイクの追突事故」との仮説についても、妥当であるかの検討を行った。
　なお、この検討にはさらに以下の条件を用いて行った。

　　③：停止中の車両は、バイクの追突により、5.1m 進んで停止した。
　　④：その時の平均制動加速度は、0.17g である。
　　⑤：ドライバーは、停止中バイクが後方 20m の地点で接近に気づいた。

　その結果、「車両左折時の、バイク巻き込み事故」の仮定では、車両の傷の角度などの現象を無理なく説明できることに加え、計算した具体的な数値も考え得る妥当な数値であることが確かめられた。
　また、「停止中の車両へのバイクの追突事故」という仮定は、矛盾点が多く可能性はほとんど考えられないことが分った。

　以上のことを総合して、以下の結論を得た。

今回鑑定した事故の形態は、

「**停止中車両への、バイクの追突事故**」ではなく、

「**車両左折時の、バイク巻き込み事故**」であったと考えられる。

不可 詳細検討

1．「停止中車両へのバイクの追突事故」の可能性検討

1．1　結論

　停止車両がバイクの追突により、約5m押し出されると仮定した場合において、車両の衝突速度、発生力、移動時間などを計算した結果、1．2節に述べる矛盾点が生じることが明らかとなった。

　このことから、次の結論が導かれる。

　<u>停止中車両がバイクの追突によって約5m押し出された可能性は、</u>

<u>ほとんど考えられない。</u>

1．2　矛盾点

（1）車両を押す力の方向の矛盾

　A：車両がバイクから受けた力の方向は、車両の損傷状況（①）から、「車の右方向」であると認められる。

　そして、車両が道路に沿って停止しているならば、バイクが車両に与えた力の方向は、道路に対して

　　右方向となる。

　B：路面に残されたタイヤ痕（②）をバイクによるものだと仮定すると、バイクの進行方向は道路に対して

　　左方向である。

　AとBを合わせて考えると、「道路に対して左方向に進行中のバイクが、停止車両に（道路に対して）右方向に力を加えた」ことを仮定することになるが、このことは不可能である。したがって、停止中の車両がバイクに追突されたとは考えられない。

　このことは、定量的な検討をする以前に分る、「<u>最も本質的な矛盾</u>」であ

り、このことだけからも「停止中の車両へのバイクの追突事故」という仮定は否定される。

　なおこの矛盾するように見えるAとBの事実も、仮定を変え、「車両およびバイクの双方が走行していた」と仮定すれば難なく説明することができ、こちらの事故であったと考える方が妥当である。これについては、次章の「想定される事故形態」で詳しく述べる。

　以下は補足的な検討であるが、定量的検討から得られた他の矛盾を列挙する。

（2）車両を押し出す力の大きさの矛盾

　車両が、追突されてから5.1m（③）進んで停止するまでの間の、平均制動加速度を0.17 g（④）と仮定した場合の、バイクが車両を押す力の平均値を計算すると、「約15トン（計算a）」もの力になるが、車両の損傷部位・状態から判断すると、それだけの力を受けられる部材が見つからない。

　たとえ押す側が15トンの力を出しうる状態にあったとしても、力を受ける側が柔らかいと、それだけの力を受ける前に変形してしまい、（15トンの力を受けて初めて動くことが可能な）約5mの距離を進むことができなくなる。

（3）ドライバーのブレーキ操作の矛盾

　追突から停止までに要する時間を計算すると、「約2.5秒（計算b）」となる。

　しかし、追突されると言う異常な事態に遭遇したにもかかわらず、より制動力を増すことなしに、2.5秒間も車を動きっぱなしにしてしまうことは、免許保有者の操作としては考えられない。

　一般にドライバーの反応時間の中で、緊急時のブレーキ操作などの単純操作における反応時間は、およそ0.5秒程度と言われており、0.17 gという低い減速加速度しか出ていない状態を2.5秒間も放置しておくことは考えられない。

　0.17 gという減速加速度の推定値に誤差があったことも考えられるが、もし、停止までに要する時間が短くてすむ条件を考えると、もっと高速での衝突でかつ0.17gより高い加速度での制動でなくてはならなくなってしまい（計算c）、そう仮定すると、（2）および（4）の矛盾がさらにあり得ないものになってしまう。

（4）バイクの追突速度の矛盾

　バイクの車両への追突直前の速度を計算すると、「約 83km ／ h（計算 d）」となる。

　この速度は非常に高いもので、表現を変えると以下の内容となる。

　A：車両ドライバーがバイクを確認した約 20 m後方（⑤）から、追突までに要する時間は 0.87 秒（計算 e）しかかからない。

　B：もし追突を避けるために、20 mで停止させようとすると、発生させるべき減速 g は「約 1.4 g（計算 f）」という、通常では発生させられないものである。（通常は理論的な最大値が 1.0 g。但し一般の人が出せる値はもっと少なく、特別な訓練を受けたプロドライバーでないと理論的最大値を出すことは難しい）

　AとBを併せて考えると、そういう異常な速度で接近中のバイクを見れば、追突される危険を感じないわけがなく、ドライバーが見た速度はもっと低い値であったと推定される。しかしそう仮定すると、追突されて 5.1m 進むためには、制動加速度がもっと小さく、停止までの時間ももっと長いものなり、（3）の矛盾が更にあり得ないものとなってしまう。

　まとめると、（3）と（4）の矛盾を解消する衝突速度は存在しないことになる。

　以上の　　本質的矛盾　（1）　　および補足的な矛盾　（2）〜（4）を総合的に考えると、

車両は、停止中ではなかった

と考えるのが妥当と思われる。従って、車両とバイクの接触形態は、

車両とバイクは、共に走行中であった

と推定される。

　次に、残された証拠を矛盾なく説明できる、想定される事故形態を説明する。

２．想定される事故形態

想定される事故形態は、次のものであると想定される。

２．１　結論

客観的な事実の①、②から想定される事故形態としては以下のものが考えられる。

「道路に沿って車線ほぼ中央を直進走行中の車両が、走行ライ<u>ンを左に寄せつつ減速したため、道路左側を併走中の直進バイ</u>クと接触し、事故となった。」

２．２　詳細説明

このときの車両とバイクの運動は、以下のことから推定することができる。

（ａ）：バイクの軌跡は、前輪が（車両ホイルハウスに巻き込まれる形で）路面に押しつけられたためにつけられたタイヤ痕から読み取ることができる。

（ｂ）：車両とバイクの相対的な運動は、車両の損傷状態から読み取ることができる。

（ｃ）：タイヤ痕の長さから、接触時の両者のおおよその速度、接触時間を推定できる。

（ａ）と（ｂ）から導いた、車両とバイクの軌跡は図１のようになる。

これは、バイクが車両に押されながらタイヤ痕上を走行し、そのバイクとの相対運動が、車両損傷跡と重なるように車両が動いたと仮定することにより、次ページ図１のような動きを導くことができる。その間の運動を、Ａ部分の拡大図（64ページ図２）で説明すると以下のようになる。

衝突開始から終了までの間の左方向への移動量は、バイクより車両の方が「Ｘ」だけ多かったため、

（バイクは左に動いているにもかかわらず）車両には右に入り込む<u>向きの損傷跡ができた。</u>

損傷跡の角度は、その間の前後移動量の差「Ｙ」の大きさによって大きく変わり、バイクの進行方向とは直接は関係しない。

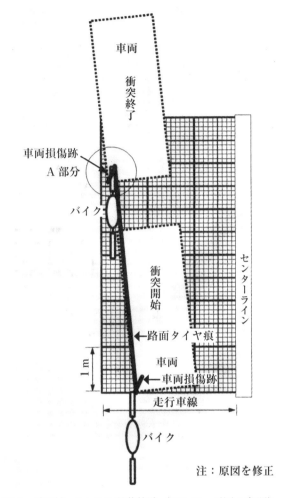

図 1　車両とバイクの運動軌跡（189 ページ図 1 参照）

ここで明らかにしておくべきことは

　"「バイクと車両共に左方向に動いており、車両がより多く左方向に動いた」

　　のであり、決して　「バイクが右に動いた」　訳ではない"

ということである。

　この車両とバイクの運動は、「走行車線のほぼ中央を走行していた車両が、左折のためだと思われる、左側への幅寄せを行った際に、併走していたバイクが巻き込まれた」と仮定した場合の走行状態と一致させることができ、この事

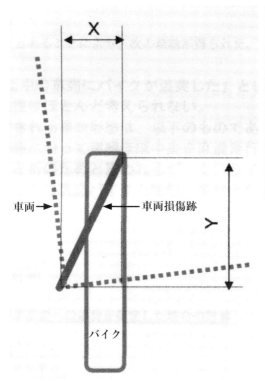

衝突開始から終了までの間の左方向への移動量は、バイクより車両の方が「X」だけ多かったため、（バイクは左に動いているにもかかわらず）車両には右に入り込む向きの損傷痕ができた

損傷痕の角度は、その間の前後移動量の差「Y」の大きさによって大きく変わり、バイクの進行方向とは直接は関係しない。

車両→

→車両損傷跡

X

Y

バイク

注：原図を修正

図2　図1のA部分の拡大図（190ページ図2参照）

故も、事故例の多いパターンの一例と推定できる。

タイヤ痕が、左折を想定した時の走行ラインとほぼ重なっていることも、この仮定の妥当性を支持するものと考えられる。

また、バイクがタイヤ痕を生じさせた時の車両の走行速度は、（ c ）からおおよそ 30km/h 程度（計算 f ）で、タイヤ痕を生じさせている時間は 1 秒強と推定される。タイヤ痕を生じさせる前に若干の車両の減速や接触状況があったであろうことを考えると、これらの数値も無理なく想定できる値であり、矛盾を生じることはない。

以上述べた事故形態は、「安全運転」や「車両の運動」に携わっているものであれば、今回の事故の詳細を聞いたときに最初に頭に浮かぶものであり、具体的な数値を計算しても、予想した範囲の値が得られたことから、無理のない

自然な解釈であると言える。

3．結論

以上をまとめることにより、次の結論が得られた。

①：「停止中の車両にバイクが追突した」という仮定は、矛盾が多く、
　　可能性はほとんど考えられない。

②：想定される事故形態は、以下のものである。
　　道路に沿って車線ほぼ中央を直進走行中の車両が、
　　（左折のためと思われるが）走行ラインを左に寄せつつ減速したため、
　　併走中の直進バイクと接触し事故となった。

4．計算詳細

4．1　停車車両への追突を仮定した場合の計算

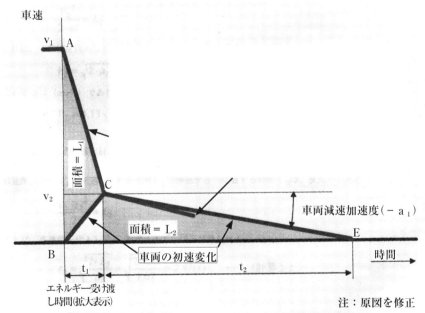

注：原図を修正

速度 V_1 のバイクが停止車両に衝突し、
　　　　　　時間 t_1 の間にエネルギーの受け渡しが行われ、ともに V_2 なった。
この間のバイク・車両間の相対移動距離は L_1 であった。

その後、車両は減速加速度 $-a_1$ で減速し、時間 t_2 後に停止した。
この時の、車両移動距離は L_2 であった。

計算に用いた数値

記号	物理量	数値	単位	根拠	備考
m_b	バイク質量	250	kg	警察	
m_c	車両質量	1,150	kg	警察	
$-a_1$	車両の衝突後の減速加速度	1.67	m/s^2	警察	$0.17 \times 9.8 = 1.67$
L_1	バイクが車両に進入した距離	0.36	m	警察	
L_2	車両が衝突後に移動した距離	5.1	m	林鑑定	
L_3	タイヤ痕の長さ	5.1	m	警察	

4.1.1 V_2の計算

減速加速度$-a_1$で減速し、移動距離L_2で停止するための、初速度V_2は、次式から求められる。

$$\frac{V_2^2}{2 \cdot a_1} = L_2$$

これに、各数値を代入してV_2を求めると、以下が得られる。

$$V_2 = \sqrt{2 \cdot a_1 \cdot L_2} = \sqrt{2 \times 1.67 \times 5.1} = 4.13(m/s)$$

この単位は（m/s）であるから、（km/h）に直すと

$$V_2 = 4.13 \times 3.6 = 14.9(km/h)$$

4.1.2 t_2の計算（計算b）

減速加速度$-a_1$で減速し、移動距離L_1で停止するのに要する時間t_2は、次式から求められる。

$$\frac{a_1 \cdot t_2^2}{2} = L_2$$

これに、各数値を代入してt_2を求めると、以下が得られる。

$$t_2 = \sqrt{\frac{2 \cdot L_2}{a_1}} = \sqrt{\frac{2 \times 5.1}{1.67}} = 2.47(s) \qquad \leftarrow \quad \underline{（計算b）}$$

4.1.3 t_2の計算；所要時間が短くなる条件（計算c）

所要時間t_2が短くなる条件を計算してみると、次ページの表に示すとおり、

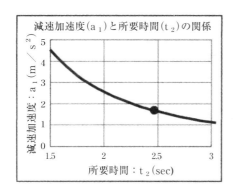

減速加速度(a_1)と所要時間(t_2)の関係

所要時間：t_2(sec)

減速加速度：a_1(m／s^2)

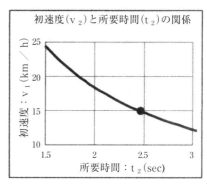

初速度(v_2)と所要時間(t_2)の関係

所要時間：t_2(sec)

初速度：v_1(km／h)

減速加速度(a_1)も初速度(V_2)も共により大きな値となる。　　←　（計算 c）

4.1.4　バイクの衝突速度 V_1 の計算（計算 d）

バイクが速度 V_1 で停止車両に追突した時、エネルギーの受渡しが行われた後、車両とバイクが同じ速度 V_2 になるための V_1 は、以下の式から求められる。

$$m_b \cdot V_1 + m_c \cdot 0 = (m_b + m_c) \cdot V_2$$

これに、各数値を代入して V_1 を求めると、以下が得られる。

$$V_1 = \frac{(m_b + m_c) \cdot V_2}{m_b} = \frac{(250 + 1,150) \times 4.13}{250} = 23.1 (m/s)$$

この単位は（m/s）であるから、（km/h）に直すと

$$V_1 = 23.1 \times 3.6 = 83.2 (km/h) \qquad \leftarrow \quad \underline{（計算 d）}$$

4.1.5　エネルギー受渡し時間 t_1 の計算

さらに、受渡しに要した時間 t_1 を求める。

受渡しが行われている間のバイクと車両との相対距離（＝車両へのバイクの進入長さ）を L_1 とすると、t_1 は以下の式から求められる。

$$L_1 = \frac{V_1 \cdot t_1}{2}$$

これに、各数値を代入して t_1 を求めると、以下が得られる。

$$t_1 = \frac{2 \cdot L_1}{V_1} = \frac{2 \times 0.36}{23.1} = 0.0312 (s)$$

4.1.6　バイクが車両を押した力Fの計算（計算a）

　エネルギーの受渡し時に作用した力の平均値をFとすると、車両の運動量変化から、Fは以下の式から求められる。

$$m_c \cdot V_2 = t_1 \cdot F$$

これに、各数値を代入してFを求めると、以下が得られる。

$$F = \frac{m_c \cdot V_2}{t_1} = \frac{1,150 \times 4.13}{0.0312} = 152,000(N)$$

この単位は（N）であるから、イメージしやすいトン（トン）に直すと

$$F = \frac{152,000}{9.8 \times 1000} = 15.5　(トン) \qquad \leftarrow \quad \underline{（計算 a）}$$

4.1.7　バイクが衝突までに要する時間 t_3 の計算（計算e）

　バイクが衝突まで一定速度であったと仮定して、20 m走行するのに要する

$$V_1 \cdot t_3 = 20(m)$$

時間 t_3、は以下の式から求められる。

$$t_3 = \frac{20}{V_1} = \frac{20}{23.1} = 0.866(s) \qquad \leftarrow \quad \underline{（計算 e）}$$

　これに、各数値を代入して t_3 を求めると、以下が得られる。
　もし一低速ではなく、減速していたと仮定すると、t_3 はより小さい値となる。

4.1.8　停止するために必要な減速加速度 a_2 の計算（計算f）

　初速度を V_1 として、20 m走行する間に停止するために必要な減速加速度 a_2 は、以下の式から求められる。

$$\frac{V_1^2}{2 \cdot a_2} = 20(m)$$

これに、各数値を代入して a_2 を求めると、以下が得られる。

$$a_2 = \frac{V_1^2}{2 \times 20} = \frac{23.1^2}{2 \times 20} = 13.3(m/s^2)$$

この単位は（m/s²）であるから、イメージしやすい（g）に直すと

$$a_2 = \frac{13.3}{9.8} = 1.36(g) \qquad \leftarrow \quad \underline{（計算\ f\ ）}$$

４．２　共に走行していたと仮定した場合の計算（計算ｇ）

・タイヤ痕の長さ L_3（＝5.1 m）を基に、その間の初速 V_5、減速加速度 a_5、所要時間 t_5 がどの程度のものになるかを計算してみる。

　減速加速度 a_5 を 4 ～ 7（m/s²）の間と仮定して計算した結果が以下のグラフとなる。

　この条件で、初速度は 23 ～ 30（km/h）、所要時間 1.2 ～ 1.6（秒）と妥当な値が得られており、特定はできないが、この範囲のいずれかであったと推定される。

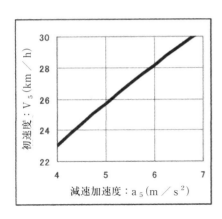 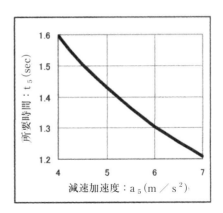

以上

補足説明

　4.1.1 式から 4.1.8 式および 4.2 の計算式を導いた手順を以下に説明いたします。

★（4.1.1）式の説明　　　$\dfrac{V_2^2}{2 \cdot a_1} = L_2$　　………（4.1.1）

初速 V_2 から減速度 a_1 で減速する時に、停止までの時間を t とすると、

$$t(s) = \frac{V_2(m/s)}{a_1(m/s^2)} \quad となる………（A）$$

この時間に進む距離 L_2 は、初速 V_2 で進む距離 $(V_2 \times t)$ から、

減速度での移動分 $(\frac{a_1}{2} \times t^2)$ を引いたものとなる。

$$L_2(m) = V_2(m/s) \times t(s) - \frac{a_1(m/s^2)}{2} \times t(s)^2 \cdots\cdots (B)$$

(B) に (A) を代入して

$$L_2(m) = V_2(m/s) \times \frac{V_2(m/s)}{a_1(m/s^2)} - \frac{a_1(m/s^2)}{2} \times \frac{V_2(m/s)}{a_1(m/s^2)} \times \frac{V_2(m/s)}{a_1(m/s^2)}$$

$$= \frac{(V_2(m/s))^2}{a_1(m/s^2)} - \frac{1}{2} \times \frac{(V_2(m/s))^2}{a_1(m/s^2)} = \frac{1}{2} \times \frac{(V_2(m/s))^2}{a_1(m/s^2)}$$

$$= \frac{1}{2} \times \frac{V_2^2}{a_1}(m)$$

★ (4.1.2) 式 の 説 明 　　$\frac{a_1 \cdot t_2^2}{2} = L_2 \cdots\cdots (4.1.2)$

この時の初速を V_2 とすると、停止時間 t_2 は次式から求まる。

$$t_2 = \frac{V_2}{a_1} \quad \Rightarrow \quad V_2 = a_1 \times t_2 \quad \cdots\cdots (A)$$

この初速と、減速度で t_2 の間に移動する距離 L_2 は

$$L_2 = V_2 \times t_2 - \frac{a_1}{2} \times t_2^2 \quad \cdots\cdots (B)$$

(B) に (A) を代入して V を消去すると、

$$L_2 = a_1 \times t_2^2 - \frac{a_1}{2} \times t_2^2 = \frac{a_1}{2} \times t_2^2 \cdots\cdots (4.1.2)$$

★ 4.1.3 で用いた計算式

(4.1.2) 式で L_2 を定数（＝ 5.1 (m)）と見なして、a_1 と t_2 の関係を見た式、

$$a_1 = \frac{2 \times 5.1}{t_2^2} \qquad （67 ページ）左の図で用いた式$$

(4.1.2) 式の説明で用いた (B) 式で、L_2（＝ 5.1 (m)）と a_1（＝ 1.67 (m/S^2)）を定数とみなして、V_2 と t_2 の関係を見た式、

$$V_2 \times t_2 = L_2 + \frac{a_1}{2} \times t_2^2 \quad \Rightarrow \quad V_2 = \frac{L_2}{t_2} + \frac{a_1}{2} \times t_2 \qquad （67 ページ）右の図で用いた式$$

★　(4.1.4) 式の説明　　　$m_b \cdot V_1 + m_c \cdot 0 = (m_b + m_c) \cdot V_2$ ………(4.1.4)

運動量保存の法則により、「衝突前と後での運動量は変わらない」ことから、衝突前の、車とバイクの運動量の合計が、衝突後の合計と等しい筈である。従って、両者の前後の運動量から次式が求められる。

運動量は、「質量 × 速度」であるから

　　　衝突前のバイクの運動量 $= m_b \times V_1$

　　　衝突前の車の運動量 $= m_c \times 0$

　　　衝突後のバイクの運動量 $= m_b \times V_2$

　　　衝突後の車の運動量 $= m_c \times V_2$

これから、

　　　$m_b \times V_1 + m_c \times 0 = (m_b + m_c) \times V_2$ ……… (4.1.4)

★　(4.1.5) 式の説明　　　$L_1 = \dfrac{V_1 \cdot t_1}{2}$ ……… (4.1.5)

車は停止していたと仮定しているので、車とバイクの相対速度は、バイクの速度 V_1 と同じになる。

相対速度が、同じ割合で減少して行き、0 になったと仮定すると、

平均相対速度は $\dfrac{V_1}{2}$ となる。この平均速度で t_1 の時間を掛けて移動した長さが L_1 であることから、

　　　　　$\dfrac{V_1}{2} \times t_1 = L_1$ 　　となり、(4.1.5) が得られる。

★　(4.1.6) 式の説明　　　$m_c \cdot V_2 = t_1 \cdot F$ ……… (4.1.6)

「運動量変化は力積に等しい」の法則から、車に力 F が t_1 時間加わったことにより、質量 m_c の車が速度 0 から V_2 に変わったとすると、この場合の運動量変化と力積は以下のようにあらわされるので、両者を等しいと置いた式が求められ、(4.1.6) 式となる。

　　　運動量変化 $= m_c \times V_2$

　　　力積 $= t_1 \times F$

　　　　　　$m_c \cdot V_2 = t_1 \cdot F$ ……… (4.1.6)

★ (4.1.7) 式の説明　　　　$V_1 \cdot t_3 = 20$ （m）………… (4.1.7)

　距離 × 時間＝移動距離　　から求められる。

★ (4.1.8) 式の説明　　$\dfrac{V_1^2}{2 \cdot a^2} = 20(m)$ ………… (4.1.8)

初速 V_1 から減速度 a で減速した場合の停止するまでの時間 t は、次式から得られる。

$$t = \frac{V_1}{a} \quad \text{………… (A)}$$

時間 t の間に進む距離（L）は、速度 V_1 で進む距離（$V_1 \times t$）から、

減速度による分（$\frac{1}{2} \times a \times t^2$）を引いたものとなる。

$$L = V_1 \times t - \frac{1}{2} \times a \times t^2$$

これに、（A）を代入すると

$$L = V_1 \times \frac{V_1}{a} - \frac{1}{2} \times a \times \frac{V_1^2}{a^2} = \frac{V_1^2}{a} - \frac{1}{2} \times \frac{V_1^2}{a} = \frac{1}{2} \times \frac{V_1^2}{a} \quad \text{………… (B)}$$

（B）式に、$L = 20$ （m）を代入してものが (4.1.8) 式である。

★ 4.2 の計算式

　初速：V_5

　減速加速度：a_5

　所要時間：t_5

　タイヤ痕の長さ：$L_3 = 5.1$ （m）

の関係式は、以下から求める。

　初速から停止までの時間（＝所要時間）は、

　　初速を減速加速度で割ったもの、$t_5 = \dfrac{V_5}{a_5}$……… (1) となる。

　この時の移動距離（タイヤ痕の長さ）は、

　　所要時間の間、初速で進んだ距離（$V_5 \times t_5$）から、

　　その間減速される距離（$\dfrac{a_5 \times t_5^2}{2}$）を引いたものとなる。

$$L_3 = V_5 \times t_5 - \frac{a_5 \times t_5^2}{2} \quad \cdots\cdots \quad (2)$$

（1）（2）より、t_5 を消去すれば、次式が得られる。

$$L_3 = V_5 \times t_5 - \frac{a_5 \times t_5^2}{2} = V_5 \times \frac{V_5}{a_5} - \frac{a_5}{2} \times (\frac{V_5}{a_5})^2 = \frac{V_5^2}{a_5} - \frac{1}{2} \times \frac{V_5^2}{a_5} = \frac{1}{2} \times \frac{V_5^2}{a_5} \quad \cdots\cdots \quad (3)$$

(3) 式に $L_3 = 5.1$ (m) をいれて、さらに a_5 として $4 \sim 7$ (m/s^2) を入れると、V_5 (m/s) が求められる。

さらに、単位を時速に変えるために「時速 1(km/h) は、秒速 1,000/3,600 (m/s)」であることから、換算係数「3.6」を掛けると、V_5 (km/h) が求められる。

$$V_5(km/h) = \sqrt{2 \times L_3(m) \times a_5(m/s^2)} \times 3.6 \quad \cdots\cdots \quad (4)$$

さらに（1）式より、次の（5）式で t_5 (s) が求められる。

$$t_5(s) = \frac{V_5(m/s)}{a_5(m/s^2)} = \frac{\sqrt{2 \times L_3(m) \times a_5(m/s^2)}}{a_5(m/s^2)} = \sqrt{\frac{2 \times L_3(m)}{a_5(m/s^2)}} \quad \cdots\cdots \quad (5)$$

　菅沢教授からいただいた工学的諸量の計算結果から求められた鑑定書は、工学者の社会的な憤激と理解しています。

　東京地裁では、裁判官に十分には理解されず、逆転判決は得られませんでした。警察が採用した（捏造された）目撃証言は否定されることになりました。

第2章
どのように警察は捏造したか

　警察が事実とまったく異なる捜査報告書を作成し、本来の殺人者犯人をかばい、何の罪もないバイク運転者を犯罪人に仕立てあげる、とんでもない犯罪行為が行われました。そのやり方をご披瀝します。

第1節　現場警察は実況見分調書と捜査報告書で 事故をどう示したか

　警察は事故直後に事故現場で実況見分を行い、さらに浩央が死亡した病院で死体の実況見分を行い、次に両車両損傷の実況見分をしてから、目撃者が出てきたとしてその実況見分をまとめて、最後に相手側を2回実況見分しています。どのように示しているか、"虚偽を通し真っ当に装うために抹消したり歪曲したと思われる部分"を指摘しながら、警察が提出した書類の記述に従ってご紹介します。

1. 実況見分調書での筋立て

　相手側の証言を元にして示した事故状況は下記のとおりです。
① 交差点手前に停止していた乗用車に、浩央バイクが追突し、
② その反動で、乗用車は前に5mほど押し出され、

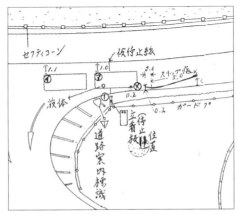

図 2-1　相手側自供で警察が作成した実況見分説明図（抜粋）

③ 浩央バイクは、停止線近くに横倒しとなり、浩央も同じ場所に横たわった。

　事故直後の実況見分では、事故現場道路を遠近を変えて3葉の写真を載せたうえ、進行先にある工事現場を示す写真を2葉掲載していますが、そこには、30cm以上の落下物を含めて、当然あるべき飛散ガラス片や表示灯などがまったく写っていません。昼時で観光バスや観光人がたくさんいた現場であるのに、通行人などもいない閑散とした風景です。事故発生場所から場所を変えて乗用車とバイクを3葉ずつ、これも乗用車に近づける人1人を除き、通行人などが不在の写真を掲載しています。

図2-2　実況見分近景写真

図写真2-3　実況見分中景写真

図2-4　実況見分遠景写真

図2-5　実況見分工事現場を含む道路写真

図26　実況見分工事現場を正面にした写真

図2-7　実況見分移動バイク正面写真

図 2-8　バイク後部写真

図 2-9　実況見分バイク左側写真（主要打撃でない面）

　バイクは、事故直後の国道からかなり移動した支線上に置かれ、オイルタンクなどの大きな打撃を受けた面ではない、打撃を受けていない左面を掲載しています。

　乗用車も、より現場から離され、後に示す打撃損傷や脱落した部品（左側泥除けの部分は写されておらず、左後輪の側面は影になって識別できません）はわかるようにはなっていません。

図 2-10　移動した乗用車後部写真

図 2-11　被害のない乗用車右後部写真

図 2-12　乗用車損傷後部写真

事故発生2日後に行った浩央遺体の実況見分では、私は立ち会いを拒否され、主治医立ち会いのもと、以下の損傷と写真が添えられています（本稿では死体写真は掲載しませんでした）。

　頭部、背部、下肢には損傷はなく、顔面唇部に皮下出血と擦過傷とがあるが、ほかに外傷はなく、胸腹部に（肝臓部上に）縦30cm横27cmの縫合痕があるが、ほかに外傷などはなく、上肢に外傷はないが、右尺骨骨折の包帯があったと記載しています。

　この遺体の見分を行った病院には、衣服や携行品も持ち込まれていたのですが、実況見分に記録として残されていません。関心すら示されませんでした。

　主治医の説明を後日図示記録したのが下図です（下川作成）。

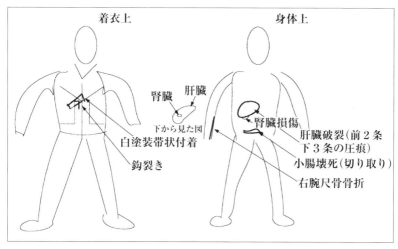

図2-13　浩央の損傷記録

　浩央が死亡した翌日に事故現場に隣接する駐在所で浩央バイクの実況見分がなされています。

　目立った打撃変形箇所の変形後の位置を地上高で示すだけで、押しこみ変形量や後に示す打撃の特徴を示すようなものはありません。記述の最後に「前輪ホークの後方への打ちこみは認められなかった」としています。

　写真も2葉提示していますが（図2-14および図2-15参照）、変形損傷部を概撮したもので、変位量もわからなければ、乗用車の疵との対応関係も、前輪の擦過損傷状況もわからないもので、壊れていたと形式的に示すものでしかありませんでした。

図 2-14　実況見分バイク前照灯
部損傷写真

図 2-15　バイクオイルタンク写真

　オイルタンクの塗膜片が浮いているのですが、その様子も特徴もわかりません。また、フロントフォークなど前方には黒い粉が付いていて、きわめて特徴的な痕跡ですが、それも読みとることができない写真でした。

　それから１週間、事故 10 日後に乗用車の実況見分をしています。場所は、事故のあった公道に面し、現場から 1km ほど離れた農協関連施設でした。相手の保険交渉人であり現地に調査に行くと、何かとつきまとった方が勤務していたのは、この農協関連施設です。

　バイクと同じく、変形部分の地上からの高さ、基準面からの位置を示し、意味の読みとれない疵のある位置や寸法をいくつも書きつらね、書類のページは埋めていますが、それらは変形量や変位量、まして３次元の変形量を追うことは不可能な、ただの参考計測にすぎません。

　左後部に着目して写真撮影し、文書に記載した寸法を計測した証拠であるごとく、スケールを立てて、高さ関係を示し、左後部を後ろからスケールを置いて、奥行き長さを示してからまたスケールを立てて写し、樹脂で簡単に変形するバンパー部にスケールを当てて写し、最後に後正面をリアウインドウガラスや内部をシートで覆って写しています。後部座席に積んだ段ボールなど車内の様子はわからないようにされています（次ページの図 2-16 から 81 ページの図 2-26 参照）。

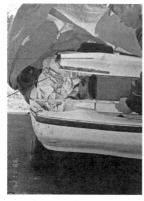

図 2-16　後部写真 1　　　　　図 2-17　後部写真 2　　　　　図 2-18　後部写真 3

図 2-20　左面後部写真 1

図 2-19　後部写真 4

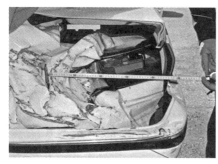

図 2-21　左面後部写真 2　　　　　　　図 2-22　左面後部写真 3

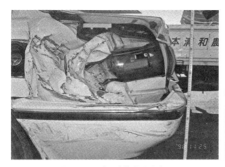

図 2-23　左面後部写真 4

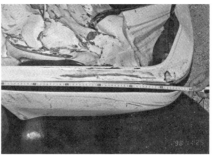

図 2-24　左面後部斜め上からの写真

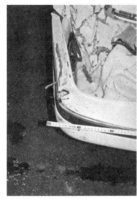

図 2-25　左後部斜め後ろ
　　　　上からの写真

図 2-26　リアガラス破損部シートで隠し
　　　　た後ろ正面写真

　事故発生から 12 日目に警察の目撃者の実況見分を行っています。「交差点
に軽トラックに乗って停止しようとしているとき（①）に、走ってくるバイク
㋐に危険を感じ、追突して（⊗）停止していた乗用車が前に押し出された（Ⓐ）
のを見て停止した（③）」という証言でした。走行バイクを認めた位置、衝突位置、
動かされた乗用車の停止位置、それぞれ認識してから停止したときまでの軽ト
ラックの位置などを記録しています（次ページの図 2-27 参照）。

　目撃者の目線（目の位置）を図示し、目撃者の前と横の見通し写真 3 葉と
事故道路のバイク走行時の見通し写真を掲載しています（見通し写真は 88 ペー
ジの図 2-37 に示しています）。

　また、事故から 2 か月半も経過してから、2 日間にわたり 2 回相手側の実況

81

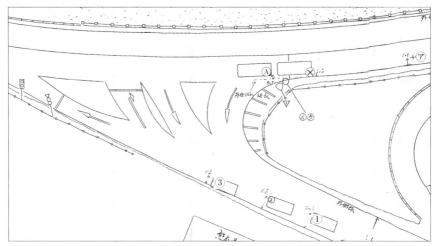

図 2-27　警察の目撃者の証言図

見分を実施しています。目撃証言に合わせたもので、相手がバックミラーで認識したバイク位置（下図①）と目撃者が見た位置（上図⑦）の一致を証拠づけるために再度実施したものと考えられます。

　相手側の証言による実況見分調書は当初に作成されています。2か月半後の

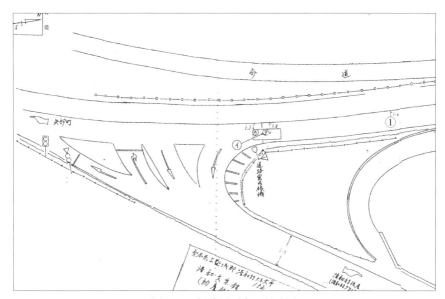

図 2-28　相手側再実況見分図

実況見分は、追突としたときのブレーキを踏むまでの空走距離、制動停止する前での距離などを考慮して、目撃証言の証言内容にある走行時のバイク位置として支障のないと見なせる位置を、見分証拠として残すためにだけ必要な見分でした。いずれも冤罪を作りあげるために捏造した辻褄合わせです。

2. 捜査報告書の主張と組織をあげた補強

捜査報告書で警察の捜査方針が示されています。

追突と結論づけているために、現場状況を下記のように特徴づけています。

①路面タイヤ痕をバイクスリップ痕とするために、その形状を「道路中央部分方向から左斜め前方に向かい、やや右に湾曲した長さ5、6mのスリップ痕である」とし、スリップ痕であるから、「道路中央よりを進行していたが、追突の危険を感じて左に避けて急制動措置をとった」と決めつけています。"なぜスリップ痕としたのか"その証拠は明示していません。参考までに読者の皆さんには図2-29に実況見分写真に写っている路面タイヤ痕部を抽出し、さらにその最終端が丸くなり、それまでの線分と不連続であるところを拡大し、コントラストをつけて図2-30に示します。後に示しますが、写真は警察の記述を否定しています。

図2-30 最終端不連続

図2-29 事故直後見分写真を写した路面タイヤ痕

83

②さらに、本来損傷打撃の相互関係を観察・解析して考察すべきところ、「本件が左巻きこみ事故であったのであれば、普通乗用自動車の車体左側面の広範囲にわたって接触痕が印象されるのが通例であるが、右自動車にはそれが認められず」と左巻きこみの破損状況をいろいろな形態があるにもかかわらず限定説明して、現にある他の痕跡に目を向けずに、「ただ車体後部の一点に集中して衝突痕が認められるだけである」と、後部に打撃損傷のないことを無視して、間違った解釈に誘導します。実際には後部ランプのミラーレンズは粉砕されずに残り、押しつぶされているのは左側だけです。

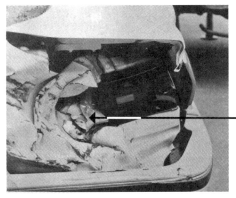

━━形状を保っているミラーレンズ

図2-31　後部ランプが残り、押しつぶされて
　　　　いるのは左後方だけ

③乗用車の後部トランク上蓋の損傷疵および浩央ダメージと上着の損傷の観察結果として「被疑者は、追突と同時に、自己の身体を防御すべく右腕を前方に突きだしたが、その衝撃に抗しきれず尺骨を骨折、その直後、身体腹部（肝臓）をトランク上蓋先端に強打、肝臓破裂の致命傷を負ったものと認められる」とするが、両車両のコンタクト点や変位方向の工学的な観察をしないので、「このような人体の動きは、路面に印象されたスリップ痕と同方向の動きである」と文章操作だけで勝手な推測を結論として決めつけてきます。ヘルメットとズボンやブーツなど装備品を含めた損傷打撃などについての観察などはしません。浩央の死体見分時にも、右腕と肝臓部の打撃損傷だけ示して、追突して前に飛んでいかずに乗用車の脇に倒れていたなら当然生じる、手足にまったく打撃損傷が

なかったこととの非適合性については、何も触れていません。また、乗用車後部にバイク前輪などが追突すれば生じる歪みや損傷はありません。

後部にバイク前輪
が当たった打撃痕
はない

図 2-32　事故直後実況見分トランクリッド（蓋）と左後方写真

④乗用車の主要打撃に関しても、「右斜め後方から左斜め前方に向かってまるで砲弾が貫いたような状況を呈して」いると、損傷部そのものの観察解析をせず、貫いた形跡などないのに、間違いに満ちた誘導までしています。破損し路面に転がった部品などにどのようなものがあり、どこにあったかなどについては、いっさい触れません。

図 2-33　捜査報告書貫通説明に用いた写真

⑤ バイクの前輪打ち込みがなく、バイクの前照灯破損部分と乗用車の左後部破損部分に高低差があるので、バイクが「右に大きく傾いた状態で倒れ込むようにして衝突しており」と見てきたようなバイク右傾斜との表現で決めつけます。しかし、図2-35に引用する捜査報告書で掲載しているバイク写真の右ハンドルには打撃損傷はありません。この右傾斜説は、後日地裁鑑定で大学教授がシミュレーションした形態ですが、現場の路面タイヤ痕の向きとスリップ痕としてシミュレーションで示したときの形状と向きが逆で、高裁でまったく信用できないと完全に否定される代物でした。決めつけ作文です。相互の疵合わせに関して言及はしますが、損傷物を照らしあわせた挙動の説明はしておらず、因果関係が不明で、決めつけのために、成りたたない言葉を羅列しただけです。そして勝手に、傾斜角を34度から37度と数値化して、分析結果であるかのごとく装います。捏造の手法は次節で示します。

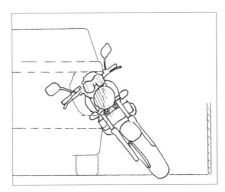

図2-34　捜査報告書状況略図

図2-35　バイク右ハンドルにダメージなし

⑥損傷打撃や路面痕跡の形状や特徴を示し、飛散物などを含めた相互の作用関係から態様の適合性を示していくのではなく、結論を文章で示し、それを前提に説明を展開する文章構成です。

⑦ 証言として、救急隊長の職名を挙げて「追突」の見立てに同意して証言したかのように特記しましたが、救急隊長は、救急搬送時に「乗用車にぶつかった」と浩央は言ったが、「追突して」とは言っていないと証言し、法廷でもそれを繰り返しました。警察の目撃者に関する対応については次に示します。

3. 事故目撃者の作りあげ

　事故直後目撃者はいないと、警察署の藤本収係長から私は告げられました。なぜ事故が起きたのか、事故の真相がどうであったのか、隣接観光施設に多数来訪していた観光バス会社を含め、目撃者がいないか手紙を出し、マスコミには目撃者捜しの報道いかんを問い合わせ、確認もしました。ようやく朝日新聞社に目撃者捜しの掲載について問い合わせができるようになり、"個人では対応できないが警察署などからの依頼には対応できる"との回答を得たので、警察署に、費用は当方負担でいいので、連名で掲載依頼することの検討を依頼しました。らちがあかないので、やむをえず、1か月後現地を訪れたときに、地元の新聞販売店に目撃者捜しのチラシの折り込み配布を依頼し、翌日地域全体に、もちろん警察にも配布されたはずです。

　浩央が被疑者死亡で不起訴処理され、弁護士を通じて実況見分調書類を入手すると、事故から12日後に目撃者の実況見分が行われており、事故直後に相手の証言だけで作成された状況見分と、まったく同じ車両位置と衝突力による乗用車移動の様子が証言されていました。

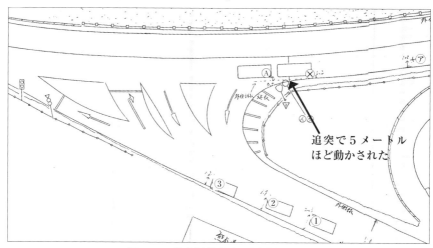

図 2-36　警察目撃者実況見分説明地図

　証言内容（概要）は以下のとおりです（図 2-36 参照）。
　右に曲がっていく交差点に鋭角に交接し、下から上がって付く支線を運転中

図 2-37　警察目撃者実況見分のバイクを見かけた添付写真

（地図で①の位置）に、本線を走行するバイク（地図で⑦の位置）を見て、（危ないと思ったと法廷で陳述）、停止していた乗用車後部（地図で⊗の位置）に追突し、乗用車は前（地図で⒜の位置）に押し出され、目撃者はブレーキを掛け（地図で②の位置）、交差点内の③に停止した。浩央とバイクは交差点近くに倒れたというものです。

　鋭角に交接する本線を、乗用車の右後に走行速度以下で走行するバイクを軒下くらいの高さの下から見て乗用車にぶつかりそうだから危ないと感じるのは、奥行きがわからない位置にいるのに不自然です。それにもかかわらず、さも見たかのように、事故直後の相手側実況見分の記述の位置と同じ位置を示しているのが特徴です。

　実は事故当時複数の医療関係者がいて、この支線の横断歩道を渡ろうとしていました。彼らは、支線に車はいなかったと言っています。また、浩央が救急車で運ばれるまでこの目撃者らしき人は現れていません（法廷でこの目撃者は「実況見分に書いている以外は覚えていない」とそのときの状況などについては証言できませんでした）。

　警察は、目撃者と称する人物と一緒に実況見分までしているのに、目撃者はいないと私に返事を返す必要はなく、まして目撃者捜しの新聞掲載への同意を検討すると返事する必要もなかったのです。

証言内容は、バイク追突で乗用車が5mほど前に動かされたとしていますが、工学的にありえないことが、菅沢深鑑定で証明され、東京地裁はそれを採用せざるをえませんでした。

実際には、救急隊が駆けつけて浩央を収容するときに邪魔なので、救急隊が乗用車を前に動かしたのです。捏造証言は、事実としてもまた工学的にもありえない車の移動という"虚偽を見たという偽証言"として明白となりました。自らが偽証であることを、また警察がむりに作りあげた偽証であることを証明したのです。

警察には、本格的に目撃者捜しをして、実際の目撃者が何人も現われて、真相を語るような事態を避けなければならない事情があったようです。どのように虚構の目撃者を作りあげたかは後記します。

4. 科捜研は何をどのように鑑定したか

科学捜査を行う研究所としての科捜研の鑑定書が添付されています。この鑑定書では、速度解析と速度測定を素材にして工学的な立証を印象づけますが、適用条件や根拠資料の妥当性を確認するための、計算の妥当性の前提となるタイヤ痕の分析はしていません。バイクスリップとするには、路面タイヤ痕の全体形状やトレッド模様や連続する流れの特徴とそれを道路に刻印したバイク前・後輪にスリップによってできた擦り痕をも提示して、むりがなく全体的に説明できなければなりませんが、検討痕跡は一切ありません。実際の現場道路やタイヤには、スリップ痕とする痕跡がどこにもないのです。

ただただ地元警察で決めつけた"バイクスリップ"を前提に、スリップ痕としたときの長さから速度を求め、追突の詳細を算出する体裁となっています。最初から虚構なのです。

さらに、事故原因とは無関係の、人や条件によって異なるブレーキ踏み圧と加速度（減速度）の関係を、数名の警察関係者を選別して踏ませて、その踏み圧を列挙して調査と称しました。事故態様解明に無関係な、停車乗用車の追突による前への移動という事象を作りあげ（これ自体が事実誤認なのが後に明確になります）、あえて警察職員を採用し、ばらついて科学的に不完全な踏み圧（kgf）（本人の8.3, その他実験者で6.3, 15.4, 9.8, 6.0, 2.6, 10.7というめちゃくちゃなばらつきで、本人が意図したから近くなっている8.5で平均と

する）という恣意的なデータを作り、でたらめなデータであるからそこに瑕疵のある論点として、"わざと焦点をぼやけさせ、結果的に頭を混乱させ、どんどん本質から争点が離れてゆくように仕組んだとしか考えられない実験"を披瀝しています。真実追求の目をそらし、無用な混乱を法廷に持ちこむことまでやっています。山口敏彦・井畑康両技術吏員は、科学の名を落としこめ、人を化かすために自らの職能を駆使しています。これほどまでに国民を愚弄することが許されると思っているのでしょうか。

第2節　警察捏造の手法

　事実と異なる捜査報告書を作成し、科捜研に鑑定書を提出させるために警察が行った手法を整理します。

1. 情報コントロール

　警察は、真実と異なる事故態様に見せかけるために、情報を隠蔽し、恣意的に情報を開示して惑わせたり、また自らに不利な証拠は黙殺し、意図した方向に誘導してゆきます。

1）非開示・隠蔽
　警察は、事故の真相をつかむために大事な情報を隠蔽しています。

①事故直後現場写真
　事故直後道路一面にガラスが散らばった生々しい写真があり、事故10日後に川邊地域交通課長に見せられています。しかし、この生々しい写真がまったく示されていません。落下物などから衝突地点が推測できるのですが、その情報が隠蔽されました。そして調書には、掃除され集められた落下物があったと、それが何であったかを示さずに、掃除されていたから特定する情報を示さなかったと言い訳しているように見えます。
　しかし事故直後駆けつけた医者は、医療しているその地域で警察を指導することもある医者で、「証拠物であるから道路に出てはいけない」と皆を制止しました。つまり掃除はできない状態で、救急隊が収容するときには駐在所の警察官も来ていて、その後実況見分した警察官に引き継がれており、常識的に証

拠は保全されていたと考えられます。実は生々しい写真が何枚も撮影されていたのです。また、掃除した者を確認した者もなく、事故直後に実況見分したあとに掃除して改めて添付写真を撮り直したとしか考えられません。掃除したのならば先に来ていた駐在の所の警察官は現場における証拠保全の義務を果たさなかった職務違反の警察官として罰せられなければなりません。真実の事故直後の写真には、衝突地点や態様を推定できるさまざまな情報があり、隠蔽されたと考えざるをえません。

②事故落下物

　何が脱落剥離し、事故現場のどこにどのように転がっていたかは、事故態様を推定するのに大事な情報です。乗用車の左後輪泥除けとバイク前輪泥除けが脱落しており、乗用車左後輪の後ろにバイク前輪が入り込んだ証拠となります。警察の言う右傾斜バイクが乗用車左後部に追突して乗用車左後部が破損したとすると、説明できない部品脱落となります。

　また、私が画像解析などを使って見出したブレーキランプと思われる路面の赤色飛散物の飛散位置は、交差点付近で追突という警察の見立てをまったく否定しています。このように見立てを作りあげるために事故直後の真相写真を隠蔽し、飛散落下物を掃除して撮影し直したのです。

③乗用車車輪擦り痕

　乗用車左後輪には、周方向に擦り痕があります。鮮明な擦り痕で事故により発生した痕跡で、相手側鑑定でもこれを認めていますが、影となってわからないように、あるいはわざと視野から外して写真を撮り、停止していた乗用車に追突したという虚構を作りあげています。

④ 乗用車積載物

　乗用車後部座席には積載物があり、事故直後工事現場の職方が、「なぜ出てこないのだろう」と、人と見間違えるような背の高さのある物が収容されていました。1年以上経って警察署に保管されていた段ボール箱には、収容物を取りさったと想像される痕跡が残っていました。また、事故後バイクは事故現場隣接の駐在所に保管されましたが、乗用車はかなり離れた、国道に面した相手側と関係のある施設の駐車場に保管されていました。相手は事故後容易に物を

取りだせました。

　この物が、相手がバイクを追い越すように急がせた物であること、それが取りさられたことは隠したいという意図があって、実況見分の際隠蔽するためにブルーシートで隠されました。

⑤事故を誘引した施設や安全の不備（第1章第4節）

　実は本件事故現場の道路には事故を起こしやすい欠陥があり、工事中の道路として許可された交通安全施設や要員配置にもミスがありました。これら行政側や警察署のミスに気づかれないように、隠蔽し、浩央に罪を押しつけたのです。"死人に口なし"と。私に事故が知らされるより1時間前に警察より実家に浩央事故の連絡があったのですが、私に連絡のあったのは事故後半日も経った翌日だったのです。すぐに手術に着手できないように時間稼ぎをし、そこまでして情報を隠蔽したかったのでしょうか。

2）黙殺

　警察の見立てに不都合な事実は、徹底的に黙殺しました。黙殺しても、気づかれなければすんでしまうと思っているのでしょうか。

①着衣・装備・携行品

　事故直後、病院に着衣・装備・携行品が救急車で届けられていました。着衣の損傷状態やヘルメットなど装備品への打撃痕跡は、事故態様解明に必要な情報です。彼らは、浩央の死体の見分をしたときに、これらの遺留品にはまったく関心を示さず、帰っていきました。<u>追突と見なすのであれば、ズボンや着衣、それに手足に打撃痕がなければならないのですが、それがなく、</u>ヘルメットにはガラス片が食い込んでいて、傾斜して追突したのなら、乗用車リアピラーにヘルメットなどとの打撃痕が生ずるはずですので、ないことの不都合さにも目が向けられなければならないのですが、最初から、痕跡を詳細に調べることには関心を持っていなかったようです。証拠などを調べるより、何が何でも浩央を罪人に仕立てあげる必要があったようです。

②最初に駆けつけた医療関係者の証言黙殺

　事故直後最初に駆けつけたのが、他県の医療関係者のご一行であることは前

記しました。お医者さんとそのご家族、看護師のご一行で、車から跳ねかえる
ようにしてバイクにまたがったまま道路に倒れこんだ浩央を見て、まず看護師
長が駆けつけて救護し、皆で浩央を助けおこし、道路脇に寝かせて医師が触診
して、肝臓がやられていると診断し、道路に入らぬように証拠保全にも目を配
り、救急隊に「肝臓をやられているから早く運べ」と指示し、危機管理に優れ
た方が、救急隊が乗用車を動かして浩央を収容するのを確認していました。警
察は、わざわざ出張して、このお医者さんの証言を聴取しに行っています。お
医者さんは、私に仰られたことをそのまま警察にも証言されたようです。この
警察聴取が終わってから、わざわざ電話で教えてくれました。この証言は、林
鑑定人が鑑定の根拠とした重要な情報を含んでおり、警察の見立てを否定する
ので、黙殺しました。お医者さんのご一行は、その扱いにご立腹されています。

③バイクフロントフォークに付いた黒い粉

　バイクのフロントフォークと前輪には、黒い粉が一面に付いていました。生々
しい粉でした。何がそれを発生させたか、観察すれば、バイク前輪側面に荒れ
た痕跡が一周し、乗用車の折りたためられた側面の塗膜が剥がれ、黒く擦られ
たようになっている痕跡に気づいたはずです。前輪が一周する以上の長さ、バ
イクは乗用車と帯同して動いていたとしか見なされません。停止乗用車に追突
し、その反力で乗用車が前に動き、バイクはそのまま倒れたという警察の見立
てを否定します。だから、この黒い粉がほとんどなくなるのを待ってバイクを
私に戻し、調書類では黙殺しました。

④バイクオイルタンク塗膜片

　バイクオイルタンク右側には、乗用車の嶺状突起に圧しこまれてできた凹み
があり、その端の塗膜が、触れば剥がれるような状態で浮いていました。"砲
弾が貫いた"ような追突ではなく、"前輪を拘束されピッチングしながら倒れ
こみ、嵌まりこんだ"から残った塗膜片です。明らかに警察の見立てを否定し
ています。この塗膜片もなくなってからバイクは返され、実況見分調書で記述
されず黙殺されました。バイクに特徴的な痕跡があるので、バイクの実況見分
調書は、ハンドル付け根部分のダメージの位置を示す程度の記録で、写真も2
枚しかない体裁となり、特徴は黙殺されました。

3）恣意的開示

①写真

　事故直後の生々しい写真を隠蔽し、改めて交差点近くの追突事故と見せかけるために、交差点停止線近くにバイクメーターと思われる部品を置いて撮影しています。この現場写真は交差点から近い近景写真と、順に中景写真、遠景写真とあります。このメーターがある写真とない写真があります。意図して置いたり、置いてない状態があったことを示しています。交差点で停止していた乗用車にぶつかったと思わせるために置いた物です。そもそも衝突で脱落した独立したメーターが、綺麗に２つ並んであるような偶然はありません。また、もっと大きなあるいは特徴的な物体がありません。

　明らかに意図して置いたのです。

②相手情報と質問遮断

　浩央が死亡したときに病院に来た藤本係長は、相手を「普通の主婦だ」と伝えました。その相手に詫びを言いたいと呼び出していただくと、「＊＊ちゃん」と親しげに名前（愛称）で呼び、不明な点を質問しようとすると、「悲しがっているのだから、これ以上質問してはならない」とまだ質問をしていない段階で、会見自体を遮断しました。藤本係長と相手の特殊な関係は、後述しますが、真相がわかるようにさせないために質問を遮りました。前掲しました。

③科学を装った実験

　科学は、膨大な実証データを基に科学的・論理的に規則性や法則性を導きます。科学と名が付くと、専門外の者は持ち出されたデータや結論を認めざるをえません。そこに実験を持ち出されるとそれを理解するように頭を回し、理解できないと、困惑して思考停止に陥ります。前記したように、実験の目的にも恣意性があり、方法やデータからの導き方には科学性がないのに、あえて法定書類として持ち出し、明らかに当事者と法廷を混乱させるのが目的としか言えない実験であり、書類です。このような不誠実な鑑定は、社会的に公表し、多くの市民の目に晒す必要があります。

④事故後の証拠物の管理

　前記しましたが、バイクフロントフォークなどにある特徴的な黒い粉やオイ

ルタンクの剝がれそうな塗膜片は、直後私が撮影した写真がなければ、その特徴がなくなります。実際にその痕跡がなくなってからバイクが返還されたことは前記しました。また、乗用車は、警察署で保管せず、わざわざ相手が出入りできる駐車場で保管していました。ブルーシートでリアウインドウガラスを覆っただけですので、中身を取り出すこともできましたし、誰でも触れることができる状態で保管していました。相手乗用車だけに事後接触が可能な証拠管理でした。

⑤独占的な捜査権の持つ恣意性

　なぜ恣意的な情報操作が許されるのか。捜査権は警察にしかなく、一般市民は関与することはできません。調査し、判断し、訴追するまでの処理は、警察の特権で、捜査過程を市民が見ることはできず、つまり市民は検証することはできず、作りあげられた書類を訴追後に見せられます。誤りを正すことはできません。捜査中に過誤を正すのが筋だと思いますが、市民同士の事故で関係する市民が真実の情報を前に確認しあうことに不都合があるのでしょうか。刑事事件として捜査権が警察に独占されていることが恣意性を助長していると思えます。この事件がこの制度の実態に欠陥があることを示しています。

⑥判断できないちょい見せ

　これは次章で記述することですが、検事が事故の調書類を見せるときがあります。特別なことだそうですが、ちらと見せて意見を言わせます。見せられたときには理解しようとします。特に決めつけ論で成りたっている書類では、その隙間を埋めていかなければならず、まして意図的な捏造がある場合、結論に添って選らばれた証拠だけが並べてあり、そこから真相に到達することはできません。親切そうに装いながら、官僚としての自己保身を計っているとしか言えないのです。検証するのであれば、事故直後の写真を開示し、調書類のコピーを渡して専門知識をもって検証できるようにするのが筋です。

2. でっちあげ

1）捏造目撃者

　前記したように、真相を知る目撃者を探すのを止めさせるために、目撃者を捏造しました。目撃証言自体が工学的に成りたたず、そこにいた方々の状況証

言とも異なる証言でした。この捏造関係者は相手側の親族と関係がある有力者でした。後記します。

2）実況見分写真

事故直後の実況見分写真を隠し、道路を清掃してから同じ時刻に、警察の見立てを根拠づけるための部品を置いて、写真を撮り証拠写真としました。

3. 誘導・ねじ曲げ

実際には違う形状や因果関係であるのに、異なった事象に導くように誘導することもします。

1）路面タイヤ痕形状

斜めまっすぐに交差点端のガードパイプに向かい、大きな弧で路側線に平行になって１ｍ強直線で進み、終点を道路内側に向かって丸く収まる形状を、バイクがスリップしたように見せかけるために、終端に向かって斜めに曲がりながら進み弧を描いて最終端で乗用車後端に向かうように描き、単線で描くだけなので、始点での太さの変化や曲がって方向が変わるところで不連続に近い接続となったり、終端で丸く太くなるような特徴的な形状については示していません。考察はもちろんなく、単純に乗用車左後端にスリップしていったと誘導しています。バイクがブレーキを踏んだスリップ痕であれば、当然あるべきトレッド痕がないので決めつけられないのに、小さく単線で書きこんでいるので誘導しやすくなっています。

2）乗用車損傷：砲弾が貫いた

乗用車左後方がバイクハンドル中央付近に圧しこまれ、帯同して変位していって、注油孔後部に圧しこまれ、下方にも圧しこまれて擦過痕のない部分があることや、圧しこまれて互いに乗用車の嶺状突起とバイクオイルタンクの凹んだ嵌めあい部があることも無視し、後部から見た凹みと左から見た擦り痕を見せ、擦過痕がなく粉砕されやすいミラーがあるのも無視して、「打ちこみ」と「砲弾が貫く」という言葉で誘導しています。

また科捜研も、擦過していない圧しこまれた部分を矢印２を書いて隠して、実は内側下方向に擦過して擦過していない部分と破損していないミラー片を残

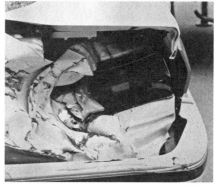

図 2-38　捜査報告書（2 葉）

していることを無視して、追突して擦過し、その勢いでバイクが外側に倒れた
ように誘導しています。

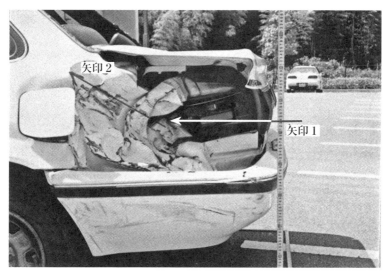

図 2-39　科捜研鑑定書矢印誘導
（矢印１はわかりやすくするために一部白線に変えた）

　科捜研が指摘するように激しい擦過痕を残してバイクが外に擦っていったの
ならば、乗用車注油孔の蓋は擦過痕以上の変形や脱落が生じ、バイク左側は地
上に激しくぶつかりそれ相応の損傷がなければなりませんが、バイクにも浩央
本人にもそのような痕跡はありません。言葉によって誘導しています。
　捜査報告書も科捜研鑑定書も、道路上に擦り痕があり、乗用車の左側とバイ

クのハンドル中央付近にダメージがあることだけをあげつらい、実際にあった特徴的な痕跡は検討素材に加えていません。その一般的な素材だけで追突か左折進路妨害かなどの態様の妥当性を検討します。言葉だけが踊ります。言葉だけ派手に並べて、思惑どおりに結論を導こうとするので、写真に誘導操作をせざるをないのです。

3）恣意的実験

　前記したように科捜研は、本人以外から得たデータが、採用した値からまったく外れているずさんな実験を行い、無理に自身の意図的なデータに平均を収斂させる実験を行っています。いくら平均値が説明に使える値でも、倍の値や３分の１以下の値を含むわずか６個のデータで実験データと称すのは、いかにも恣意的で、公的機関の実験としてはお粗末すぎます。この実験は停止していた乗用車がバイク追突で前に動いたという警察の見立てを正当化するために行ったものです。菅沢深鑑定に明らかなように、バイク追突で乗用車が前に5mも進むことはありえないのですが、科学を自称する科捜研が工学的にありえない運動を前提に、わざわざ実験して正当化しようとしました。何という"化かす科学の研究所"でしょう。

4. 権威づけ・判断停止

　情報をコントロールして事故態様を作りあげるためには、権威を持ちだして認めさせるしかありません。

1）科学捜査と研究所

"科学は嘘をつかない"と称している番組があります。科学は数多くの事象の中から規則性や法則性を取りだし、得られた法則や成果を基盤にして現代社会を発展させてきました。この科学は、人の気づかない細かな事象にも目をそらさず、その奥にたたみこまれている事実をつかみとり、普遍的な関係の中から意義を見いだしてきたから、科学となったのではないでしょうか。しかし、科学捜査研究所は、特徴的な痕跡類を無視抹殺し、工学的にありえないことを実験したとして、虚構を組みたてることに手を貸したのです。科学的であれば信用を得られる、社会的な良識を悪用して、科学の名で偽りを押しつけました。ただただ真実を隠し、思惑に誘導する鑑定では、科学の名の付いた研究所であ

る"科学捜査研究所"という権威がありそうな名前が欲しかったとしか考えられません。

2）数式

速度や停止距離に関わる計算式や数値を持ち出されると、それらが導かれた経緯を知らない一般人は、その是非を判断する知識を持たないので、計算された結果とそこから導かれる因果関係に無条件に引きずり込まれます。つまり判断停止に陥ります。この判断停止を導くためにもっともらしく数式を示し、計算結果を前提に論を組みたてます。乗用車に引きずられた路面痕跡であるのに、バイクスリップの計算式を適用して、バイクスリップであるという事故態様に論点を絞りこみます。また、物理現象としてバイクに衝突された乗用車が5m押しだされるのはありえないのに、ブレーキを踏んだ圧力で乗用車が5m動くかを計算します。菅沢深教授が直観し鑑定されたような工学的な常識を無視するだけでなく、動いたとしてもわずかな速度で、反力で動くバイクが乗用車左後輪を一周する擦り痕を描けるはずもないから、その証明となってしまうこの擦り疵の観察は無視します。計算式の提示やその結果を、事象観察による解明にかわる専門家の優位性であるかのごとく装い呈示し、専門性を悪用して、独断的な思惑に導く魔法の杖にしています。

5. 組織的整合性と演出

司法機関を通して冤罪を成りたたせるためには、それらの組織を納得させられる整合性を持たせなければなりません。

1）官僚的に完璧な文書作成

一般に司法関係者は工学に弱いといわれます。判断できない内容を呈示して形式を整え、証拠書類として妥当な体裁・構成を有し、漏れなく項目を満たしていれば、官僚的な要件を満足します。本件では事故直後の状況を見分記録し、当方の死体の見分をし、相手を見分して調書を取り、バイクと乗用車の損害を計測して記録しています。さらに事故現場の目撃者を探し出して記録し、科学捜査研究所が科学的な裏付けをしています。構成は完璧です。受けとった者には、この捜査書類に無視・抹消・歪曲があることはわからず、行政機関を素通りできます。素通りさせるために事故直後の写真を隠し、真相究明の道を遮断

して、体裁だけを完璧にしました。管轄を超え、県本部所管の科捜研を動かし、思惑にあった鑑定書を書かせたのですから、警察署長の木原茂警視の同意指示がなければならなかったわけです。現に捜査報告書は木原署長に対して報告されています。

２）筋だった脚色

　バイクスリップ痕であるならばあるべきトレッド痕もなく、バイク車輪にもその痕跡がなく、右傾斜としたときにぶつかるはずの右ハンドルに損傷がなく、追突ならばあるべき手足のダメージが浩央にはなく、乗用車がバイク前輪をはらい、巻きこんで浩央を死に至らしめた特徴的な現象を無視し、あるいは隠蔽するためには、これまで前記した隠蔽・黙殺・でっち上げや誘導を行い、確定素材のないなかで、“砲弾を貫いた”とセンセーショナルな表現をとり、さもさもらしくありうる態様を取りあげ、それらを検討して遂行したように見せかける、つまり実質的な見分調査を行わずに、根拠のない決めつけを重ね、もっともらしく納得させるよう、文章力を駆使して、堀川義憲巡査部長は捜査報告書を脚色しました。

　このように署長以下課長・係長を含む警察組織一体となり、警察本部の科捜研まで巻き込み組織一体となって、冤罪が捏造されました。なぜそこまで組織的に企図され実施されたか、次に示します。

第３節　なぜ捏造することになったか

1. 事故発生理由

　事故が発生した原因あるいは誘因としては下記の事項が挙げられます。基本的にはまっすぐで交差点や車線変更のない道では交通事故は起きにくいようです。形状や流れが変化して、運転者が対応できない事情があって、交通事故となるそうです。

１）事故を起こしやすい交差点

　一般論として、見通しの悪い交差点は事故発生率が高いといえます。
　　①交差点の先が曲がって見えない。
　　②下から接道する支線があり、交差点に支線から進入する車両が本線から

見えにくい。

③交接する支線が鋭角に接道し、支線から侵入する車両から本線を走行する車両が確認しづらい。

④幟旗や立て看板などで上記のような予測が妨げられている。

浩央事故の交差点は、すべて上記した悪条件が重なっていました。

2）事故を誘発する安全対策不備：信号と誘導員

工事中には一部遮断されるなどの状況変化があり、安全対策を施さなければ工事認可されないのですが、対策が不完全だと、危険な状態となります。

①幹線道路で交通制限がある場合には、誘導員が配置され、交互交通などの誘導指揮がとられるはずなのですが、誘導員がおりませんでした。

②工事箇所の交通制御のために、仮設信号が設置されます。設置の仕方や運用形態が大事です。交差点では衝突が起きないように整然と切り替え制御されるように置き、切り替え時にも時間遅れを見越して、交差などしないように運用されなければなりません。工事業者は事前に図面や仕様を提出して許可を得、許可を得て初めて工事することができます。ところが、交差する本線と支線の両道路に対し1つの信号しか設置されていませんでした。つまり本線と支線の両車両が交差点で出くわして交差するあるいは衝突することが起きうる配置で、所轄警察はそのまま許可していました。所轄警察の許可に瑕疵がありました。私はまさか不備な許可はしないと思っておりましたので、かなりあとになって気づきました。

③見通しの悪い危険な交差点で、注意が必要な場合には、交差点の手前に予防的な注意標識が必要ですが、不足していました。事故後しばらくして追加設置されました。不十分であったことに事故後気づき警察が指示して追加させ、私が現場を再訪したときにもこの不備を、警察は私には黙っていました。

3）観光施設での注意力の散逸

観光地では、通過車両の注意を引くために幟旗などが道路脇に並べられます。注意を惹きつけようとしています。つまり運転に対する注意力を削ぐことになります。また幟が立ち並ぶと、その先つまり交接する支線への見通しが妨げら

れます。運転者への注意力を低減させ、視界を妨げる幟旗を立てた観光施設では、交通安全に踏まえた措置も取られてもよいのではないでしょうか。まして公営もしくはそれに準ずる施設では、配慮されるのが当然と思えます。しかしそのような措置は取られておりませんでした。

4）むりな追いこし

直線道路を走行していた浩央が幟旗に気づき、入ろうか躊躇しているとき、もたもたと走っているバイクにいらだった乗用車が追いこしをかけたのでしょう。乗用車が反対車線を走っていたから、角度の関係で、交接する支線を下から上がってくる国道への侵入車に気づき、乗用車があわてて本線に戻り（このとき坂の下から登ってくる乗用車に、走行車線にいた浩央は、幟旗や立て看板に遮られて、気づかなかったと思います。接道していること自体がわかりにくい場所でした）。支線侵入車両との衝突を避けるために、乗用車は停止線の前で停止しようとブレーキを踏みました。そのために、浩央バイクは直前を斜めに入りこんだ乗用車にハンドルを取られ巻きこまれたのが、事故の実態であったと思われます。つまり仮設信号機は青だったというのが、証拠から推測する事故の様子です（本線も支線も走行ＯＫの状態でした）。バイクは巻きこまれ引きずられたためにタイヤトレッド模様のない擦り痕を路面に残しました。

２．捏造を誘引した理由・動機

それにしてもなぜ捏造してまで、浩央は犯罪者にされなければならなかったのか、その理由がわかりませんでした。弁護士と示された捜査資料を手にして、はっきりしない事実が多すぎ、それを求めて思い悩みました。裁判が完全終結してからやっと気づくこともありました、それをまとめて「歪曲された、つまり捏造を促した理由」を以下に列記します。

1）警察関係者

連絡を受けてすぐに病院に駆けつけ、一夜明かして私たちは一言も言葉を交わすこともなく死亡に立ち会いましたが、そこへ手際よく藤本警察係長が死体の実況見分に駆けつけ、「浩央バイクが追突し、相手は普通の主婦で良い人だ」と言い、事故10日後にその女性にお会いしてお詫びしたいと申し入れ、やっとお会いしたときに、「＊＊ちゃん」と親しげに名前（愛称）で呼びかけ、不

明な点をお伺いしようとすると、「悲しがっているのだから聞いてはいかん」と質問を押しとどめ、会見自体を打ち切りました。前述したとおりです。後日調査会社で調べてみると、相手の女性は事故のあった場所の脇にあった駐在所の元警官と親しく、後に結婚もしています。捜査に当たった警察署の藤本係長とも知り合った仲だったのでしょう。「ちゃん」付けで名前しかも愛称で呼びかける間柄だったのでしょう。聞き取りを避けたかった理由があったのかと思わざるをえません。事故直後、「相手は現場からいなくなり駐在所のほうにかけていって戻ってこなかった」という目撃証言もあり、その警察官に相談に行ったと解すると行動が理解できます。駐在所警察官が来るのが遅かったのも理由が付きます。普通は事故当事者として障害を受けた人を助け出したり、寄り添って心配するものです。

２）行政上の安全施設不備があり、それを隠した

　工事中の安全施設である仮設信号機は事故を誘発しかねない不安全な設置で、許可したのは捜査に当たっていた警察署でした。工事中付けなければならない誘導員は、県が発注時に積算をしておらず、工事業者は「請け負け」だと言いました。本線に支線が鋭角に接続され、支線をまっすぐ伸ばした方向に本線は曲がっており、危険な交差点でした。県は知っていたのでしょう。事故後支線が直角に本道に接道させ、左右の見通しがきくように改修工事しています。事故後調べるなかで知った警察官の妻という方が「前から危険な交差点で、い

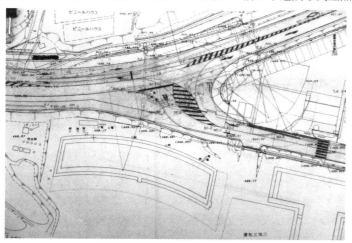

図 2-40　事故当時の交差点図面（下の支線が国道に斜めに接道）

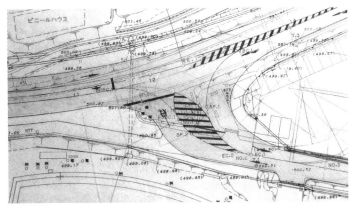

図 2-41　事故後改修された現在の交差点（下の支線が国道に直行
　　　して接続）

図 2-42　事故後設置された交差標識

つか事故が起きると話しあっていた」と語っていました。行政上の不備が満載
で、浩央の責任という形で処理しなければ、行政の不備に飛び火しかねない状
況でありました。

　事故後支線が本線に交接することを示した標識が立てられました。

３）地元有力者の関係者

　裁判を続ける中で、資料とすべき証拠が乏しく、自身で集めた情報と矛盾す
る点が多く、警察の理由なき断定や騙しあいのような保険会社の鑑定にゆさぶ
られながら、疑問が募り調査会社に調査依頼しました。さすが調査会社は、相

手女性の素性を明らかにしてくれました。町の総務課長や建設課長を務め、町の電話復旧に尽力した、有力な町長候補と言われていて若くして亡くなった方が肉親におられました。警察が地方自治体の恩義者に配慮することはあると聞いていました。その遺族にほかなりません。あとから出てきた目撃者は当初農民と言っていましたが、教育長でした。恩義ある方の部下であったかもしれません。「支線停止線に乗用車が停止していて危ないと思ったら後ろから来て乗用車に追突した」と証言しましたが、いたというその位置は本線より低く、後ろから走行するバイクがすれ違うのかぶつかるかの判断などつかない場所でありましたし、いたというその停止線近くを横切った複数の医療関係者が「そこには車はいなかった」と言っているのです。捏造証言以外の何物でもありません。警察はわざわざこの他県の医療関係者の証言を取りに行って記録したはずなのに、そのすべてを握りつぶしました。捏造に不都合な複数の真っ当な証言だったからでしょうか。

4）よそ者と村人

　近隣住民の安全に配慮する役目を警察官が担っているのはわかります。しかし白を黒と言いくるめるような捏造歪曲をしてまで地元住民寄りの捜査を是とする見解はないでしょう。明らかに犯罪です。しかしこんな考えがあったのかもしれません。「わからなければよいではないか。相手が遠く離れた地の利のないよそ者で、しかも死んでしまえば、近親関係者が真実を知ることも困難だろう」。確かにそのつど飛行機と宿を手配して現場に通って費用も掛かりました。話し言葉が違うから、よそ者が来たとすぐにわかります。図書館に行ってあちこち調べているときにノートがなくなりかけたり（調べるのに夢中でノートを置いた場所に目が届かなくなる自分の悪弊だったかもしれませんが）、お礼を言うために人を探して行くとパトカーが待っていたり、調べてもらう人や機関を探すのも大変でした。でも嘘は嘘であり、捏造は捏造です。よそ者を疎外視する扱いをして観光地の経営が成り立つのでしょうか。

第3章
司法制度を通じた冤罪の成立過程

第1節　検察官（検事）と弁護士の果たす役割

1．訴追権を独占する検察官（検事）

　刑事事件に関しては、検察官にだけ訴追権があります。特別な事例を除き、他の誰も刑事訴追することはできません。検察官は関係するすべての情報を集め、無罪か有罪か、どのような罪名であるか検討し、公訴を維持するに足ると判断して起訴状を作成して告発します。

　前述した葉玉検事は、私が「乗用車が左折して浩央バイクの進路妨害をした疑いがぬぐえない」旨発言したことに対して、「乗用車が左折するときにはウィンカーランプをつける。これを見落とした浩央は、前方不注意になる（尾灯が見えないから巻きこみなのですが、そこから巧妙に目をそらしてもいます）」と逆に指摘してきました。そもそも肝心な写真が削除されていたり、思惑に基づいた説明しかない意図的な捜査資料を見せられ、しかも落ちついて理解すること自体が難しい短時間で、まともな推論ができるはずはないのですが、乗用車とバイクのダメージの状況から、左折進路妨害をしたかのような事故態様が疑われ、私は初めて目にした捜査書類の中身とその筋立てを読みとる時間もなく、理解しきれずに焦ってしまい、一見まともな指摘に反論ができませんでした。考えてみると、交差点停止線近くにメーター部品が置かれてある写真があり、単線にバイクスリップを推測せざるをえないような路面タイヤ痕が書きこまれた記録図があると、その付近での衝突と理解できますから、葉玉検事の反応は、読みとれる態様としての反応だったとも思えます。そして、同検事は事故態様をすぐに理解できる能力を有していたことを逆証明しています。

　しかし、実況見分調書には2葉も工事現場を写した写真があるにもかかわらず、この工事に関わる説明はまったくなされておりません。当時、弁護士と、これは何を写したのだろうかと、理由がわからず悩みました。事故の因果関係に詳しい葉玉検事ならば、工事中の安全対策については熟知していたと思われるのに、仮設信号機や誘導員に対する対策の不備や不正についてはまったく触

れられていないのです。また、工事中の工程写真には交差点停止線の所に仮設信号機と「工事中」を示す看板はありませんでした。それらは事故後追加設置させたのです。さらにまた、交差点カーブを曲がりきった先で工事をしていたので、手前側の直線国道を走行していた車には、その先が工事中という認識も持てなかったと思われます。着工届には記載されていたのに、実際には設置されていなかった、事故現場から100m手前と200m手前の「工事中」を示す看板が、事故後追加設置されています。葉玉検事はこのような状況も十分認識できる立場にいました。ところが、事故誘発にも関係するこれらの過失を完全に見逃し、指摘・記述をしておりません。ミスを見逃して、起訴状を作りあげたのです。何より、事故直後の実況見分写真が欠落し、あるべき路上飛散物の写真がなく（意識的に交差点に落下物の1つを置いたものだけ写させ）、衝突場所の証拠写真もなく、衝突場所すら確定できておらず、トレッド痕の提示がないので路面タイヤ痕をバイクブレーキングによるスリップと決めることはできないなどの知識を十分有していてしかるべきなのにその検討を怠り、また、事故直後ならあるはずの道路上に散乱したガラス片や落下物の確認をするのは当然であるのに、それらの写真や記述を素通りさせ、黙殺したのです。

　検察官は、江戸時代で例えれば、「岡っ引き」である警察官を取りまとめ、手足として利用する「与力」であると言えるでしょう。互いに持ちつ持たれつの関係と言えます。しかしこのような相互依存関係こそが、葉玉検事をして冤罪とわかりきった起訴状を作らせたのかもしれません。さまざまな意図的な欠落と情報操作があっても許容し、きわめて基本的な事実には目をそらして、決めつけによる主張と文章的な体裁をもって官僚的な捏造捜査資料を作成させました。それは見た目にはまったく欠陥のない、専門知識のない者には疑問の持ちようのない完全さで、封建制度下ならばそれが当たり前かもしれませんが、役割権限に相互牽制の意味を持たせた民主制度下では、組織構造の意義の否定となっています。警察の身内も関係し、警察の許認可指導の不備もあり、さらに行政府のミスも内在することから、「死人に口なし」と浩央に責任を押しつけて「浩央バイクの追突。被疑者死亡により不起訴」と年末も押しせまった12月29日に決定を下し、翌年1月14日にその旨の通知を受け取りました。

　しかし、このあとの裁判の審理や判決はこの葉玉検事がまとめた書類が基本となり、葉玉検事が司法修習生時代の教官であった弁護士が代理人を降りるという事態にもなりましたので、裁判を通して貫かれた検事の考えがあるのでは

ないかと疑問を持ちました。実は我々に開示された書類は30丁から始まっており、その前に29丁分の非開示資料があったことがわかりました。仮にそこに、事故を誘引した隠れた過失や相手側親族の功績などが書かれ、それに配慮が行きとどくようにされていたのなら、意図を持って警察や検事が事故を捏造したことになってしまいます。刑務所で受刑者の救済に当たっている知人がおりますが、彼は報酬を受けず、まったくのボランティアだそうです。ボランティアを否定するつもりはありませんが、無償の善意の対価として罪科を差配するようなことがあってはなりません。「軽微な交通事故などならば私に連絡下さい（なんとかします）」という会話がありそうです。一昔前にあったことなのでしょうか。このような疑念を持たれること自体が不快でしょう。いずれにせよ法務省は、このような捜査資料を全部開示し、不正な忖度など働かないようにする必要はあると思われます。

2．検察審査会不適合

　検察官が不誠実であっても、それを再審査する「検察審査会」があります。検察の決定に対してその妥当性を審査する会議で、起訴する権限が検察官にしかない法体系のなかで、不起訴または起訴猶予となった検察判断に対し、見直しを求めるための機関です。地裁で公訴棄却となったら、普通は高裁に上訴するのが普通ですが、裁判官がまともに答えず、いい加減に読みひろっていい加減な判決しかしないのがわかってきたので、検察審査会に審査請求をしました。その会議は3か月ごとに開かれるのですが、実は、不起訴との判断がもたらされた検察官からの通知は、次の検察審議会の会議を待っては審査が有効になる期限を超えてしまうほどの遅すぎる時期の通知だったのです。検察官は、当方へ通知する1か月も前に、科捜研から報告書を受けとっていて、結論を出せる状態にありました。このような期限を検察官は知らないはずがありません。子分である司法警察官（岡っ引き）の捏造訴追を食い止めるために、竹内亜紀子検事（与力）が時間切れを画策し、かくまったと言えます。このことは熊本地検で抗議し、記者会見しました。公にしても不起訴を覆すことにはなりません。竹内亜紀子検事の不起訴通知が遅かったことには、もう1つの不信があります。検察審査会に掛けることができないほど遅いことに関しては、弁護士も知っていたのではないかと思えます。弁護士を疑っては裁判を継続することができませんが、弁護士も検察官も裁判官も司法修習生のときには同じ釜の飯を食い、

裁判官や検察官を経て弁護士になられる方も少なからずおられます。司法界には司法界なりの仲間意識、言い方を変えれば司法界にいない我々と異なった同族感が作用して目を曇らせたかもしれない、という疑念は失せません。弁護士が催促するなり注意していれば、このような不当な処置は防げたはずなのです。あるいは、長い裁判で当初契約した想定弁護費用を超えてしまい、そこに竹内亜紀子検事がつけこんだのかもしれません。はっきりと確認していないことなので、原因は不明ですが、竹内亜紀子検事は、運用を熟知して制度を悪用したのです。

3．閉鎖的司法界に生まれる弁護士

　弁護士は、法律の専門家で、依頼人の立場に立って法廷で争うのが仕事です。彼らは司法修習生として、「法律の番人」としての教育を受け、公の立場で刑事事件を起訴する検察官と、刑事・民事で依頼人を弁護する弁護士と、裁判で判決を下したり調停を行う裁判官に分かれます。

　元は同じ修習生で同じ釜の飯を食って、役割分担して裁判を維持しています。あなたが罪を問う側に立とうと、起訴による疑義を払いのける立場に立とうと、あなたに寄り添うのは弁護士であり、弁護士が法解釈や被害金額の査定であなたをサポートします。

　あなたは、交通事故の被告人としての起訴状に疑問を持って、法律の専門家である弁護士に弁護を依頼しています。弁護士は交通事故の訴訟の経験があり、工学的知識に明るいか、さもなければ不足する知見を補助する鑑定人を抱えていなければなりません。残念ながら、これらの条件を満足させる弁護士は少ないのが現状のように思います。

　鑑定人に依頼するときにも、ご自身が事故の実態を調査し、全容を把握され、鑑定の根拠・理由にも納得のいくまで主体的に取りくまれ、その上でその法律的な手続きや裁判手続きを弁護士に委ねるようにされたほうがいいでしょう。

　交通事故の捜査は警察の所管におかれ、捜査終了までその中身を知ることはできません。したがってあなたは訴追がなされたあとに、刑事事件の法廷で争いながら、真相や事実関係を確認してゆくこととなります。係争の仕方やルールなどまずわかりはしないので、弁護士に頼らざるをえません。企業ならいざ知らず、個人として弁護を頼める弁護士とつきあいのある方は、ほとんどおら

れないでしょう。知り合いをたどるか、弁護士会館に押しかけるか、知りえた弁護士事務所に懸けるか、いずれかによらなければならないでしょう。刑事裁判でも民事裁判でも、裁判で争うための事実は捜査した警察にあって、あなたが独自に収集した事実や資料がなければ、捜査資料しか判断データがありません。いわば相手の手の内で相撲を取らざるをえません。

このように仕立てられた不利な条件で、相手の欠陥や嘘を突いてもらえる弁護士は限られてきます。もともと弁護士は法律の専門家です。交通事故の工学的な判断が理解でき、必要なデータの有無に関して的確に判断できる弁護士は、きわめて少ないのです。きわめて少ない適格者を探さなければならないことを、まず理解してください。

私なりの少ない経験から、交通事故に対応できる弁護士としての要件は、下記のとおりと思います。

①事故車や痕跡などから、事故態様を推測できる。あるいは交通事故で勝訴した経験を有す。

②捜査資料や証拠から、事故態様推定に不足する情報を見抜き、不足資料を捜査当局や裁判所に請求し入手できる。

③捜査報告書や鑑定書から、態様推定の不十分さや矛盾点を見抜き、大筋の態様を決めるために依頼する機関や鑑定人や相談相手を有す。

④ことに保険金操作のために、平気で虚偽の鑑定を行ってくる、保険会社鑑定文書の虚偽を見抜き、反論できる拠り所を有している。

残念ながら理想的な弁護士は皆無でしょう。

次善の策は、工学的な解析をあなたが責任を持って行い、立証や分析に必要な情報開示に関して、徹底的にサポートしてくれる弁護士であり、真相究明に向かって法律の条文を活用してくれる弁護士です。

なかには信念を持ち真相から目を離さない弁護士もおられますが、なかなか巡りあえることは難しいと思います。過信せず、裁判俎上間違わぬための専門家と割りきり、ご自身で解析や推定に責任を持たれると覚悟するのが第一と思えます。

とはいえ、弁護士も職業です。報酬に見合ったサポート以上の期待はすべきではないでしょう。最初から費用とサポートを限定して示す方もおられます。職業であれば、やむをえないことでもあります。限られたなかで目的を完遂するために、虚心坦懐に納得しあうことが必要です。

第2節　保険会社鑑定の特徴

　保険会社の鑑定人は、裁判での論争に長けています。裁判は喧嘩の場で、相手を言い負かしたほうが勝ちで、裁判官に訴えることが可能であれば、その範囲内で何の制限も拘束もありません。あなたが直接法廷で対峙するとします。まず保険会社は専門家としての長い経験をちらつかせ、うんちくを並べます。素人が言うことは専門性が劣り、見当はずれという印象づけを行います。彼らが披瀝するうんちくは、実は真相究明に必要ではないことに視点をずらし、権威づけだけを行っているにすぎないのです。そして巧みな文章力できれいな形を作りあげ、その虚像に合わせて、現場をあてはめます。

　捜査資料が意図的に捏造されているときは、真実はほかのところに隠されています。もともと権威をもって提示された捜査資料では、捜査結果で結論づけられた結果以外の結論を導くことは難しいのです。

　保険会社は、保険金を最低限にするために、より踏みこんだ鑑定を行います。仮想を現実化するために、バイクにモデルを乗車させて実像写真を撮り、もっともらしく作りあげます。こっそりと、乗車位置をずらしたり、現場ではありえない交通状況を再現してみせます。こじつけですからおかしさが見えます。しかしそのおかしさを指摘することでは、部分欠陥を指摘するだけになります、保険会社鑑定を否定することにはなりません。もともとの捏造捜査資料が、交通事故の因果関係への推定を規定してしまっているのです。情報欠陥を悪用した保険会社の鑑定は、捜査に基づく基本指針上で、保険金の多寡を保険会社に有利にするために機能します。

1．裁判はしないと言いわたす保険会社

　浩央は自賠責だけでなく、任意保険も付保しており、生命保険にも入っていました。長い裁判を可能としたのは、生命保険金でした。鑑定や調査そして裁判の上訴など、かなりの金額を使い、あとわずかになりました。大変に助かりましたが、身内に分ける金は残っていません。

　任意保険の保険会社は、外国の保険会社でしたが、事務所を訪れると、「相手の乗用車が古くて経済価値がないので、裁判はしません」と伝えられました。警察の見立てに納得はいかなかったので、自分で鑑定や調査の依頼先を探し、自分自身で調査し、考察し、悩み、弁護士を探して、結局本書を書けるまでの

真相にいきつきました。浩央の命と引きかえに入手したお金で得た、交通事故裁判を進めるうえでの知見なので、皆様にご披瀝し、判断や扱いは皆様の手に委ねようと思っております。

　保険会社は収益を前提に事故裁判に応じていることがよくわかります。

2．捜査方針を争わない保険会社鑑定

　まず、保険会社が調査を依頼する調査会社を紹介してもらい、鑑定を依頼しました。

　そこの鑑定人は、「左後輪の擦り痕から乗用車は動いていて、テールアップしていたので乗用車は急停車しており」、「両車両の打撃損傷からバイクはハンドルを軸に回転した」と言い、「バイクスピードは30〜40km/h」と指摘しましたが、事故態様については、「乗用車後部への追突」と言いました。これに対し、「路面を左外に向かっており」、追突したとすると、「外力を受けないバイク自身がなめらかな連続性を保持しながら太さを変化させ、途切れるところもある運動がどのようなものか」、タイヤ痕の特徴について質問すると、回答はありませんでした。「過失割合から、これで闘える」のではないか、との説明もありました。

　現地事務所の方は、事故現場で、道路に書き残された白墨を含め、道路形状やタイヤ痕とオイル溜まりの位置などをカウンター付きの車輪を使って計測しました。道路やタイヤ痕の詳細情報を得られるのでありがたく、整理してあとで送るように依頼しました。その後警察署では1か月半経って警察の倉庫に保管されていた両車両を観察しました。出会ったとき課長や係長は「オヤ？」という顔をしました。親しげに会話し、鑑定人とは以前から面識があったのか、交通事故であちこちで会うのだろうと感じただけなのですが、調査がすんでも図面は手元に届かず、現地の調査員とは連絡が取れないようになりました。肝心のタイヤ痕の詳細形状が入手できなくなりました。

　あとで確認したところ、相手側の保険会社の鑑定も引き受けていたようです。警察の鑑定を前提に過失割合で調整する体質が見えてきました。詳細検討ができないように単線でスリップ痕と決めつけ、形状まで変えて誘導する実況見分調書の後押しを保険会社の調査会社がしたのです。

　しかし、事務所で鑑定人の説明を聞いているときに4面図の所在を知り、そのコピーを入手できたのは収穫でした。

3. あなたを惑わす保険会社鑑定

　真相にいきつくために必要なことを伝え、伝わらない現実を理解いただくために本節を書いています。もっと具体例をあげるべきかもしれませんが、論争も入りこみ、説明が煩雑になりわかりにくくなりますので、特徴的なところを紹介するに止めます。引用のご了承をいただいておりませんが、法廷に提出された意見書です。

　衝突角度を説明した林鑑定に対し次のように反論します。

　　さらに、林氏が主張される「左３４度入力説」の矛盾点について述べさせていただきます。
　　左３４度からの入力とするために、林氏によれば、××車がやや左向きになって進行し（この角度が進行方向に対して３４度であるとの主張です。）、下川バイクの進路を妨害したとされています。これは甲第七号證の一の４－６で述べられています。

　　この状況を現場見取図をもとに再現すると、写真８のようになります。
　　これによると、××車が３４度の角度で進行し、道路左側（外側線より内側０．９mつまりスリップ痕の始まり）を直進してくる下川バイクの進路をふさごうとすると、接触する時点で、××車の前部が道路外側線を大きくはみ出してしまいます。
　　実測の結果、このときに×

写真　８

×車のフロントバンパー左先端部は、外側線から１．１m左の位置にあり、前部はガードロープ（ガードパイプ）に接触してしまうことになります。
　　この状態で約５メートルにわたって下川バイクを拘束しながら進行すると、××車は、ガードロープ（ガードパイプ）を破壊して、路外に逸脱してしまうことになり、この事故状況は絶対にあり得ないことになります。

　　林氏は、さらに、下川バイクは、××車に前輪を拘束されている間に、××車の進行方向に向かって、路面に前輪のタイヤ痕を擦ってつけたと述べられています。ここで、林氏の著書に記述されている文章を、そのまま引用させていただくと、「普通は、オートバイやライダーが自動車に拘束されて一体化することは起こらない。」（技術書院発行「自動車事故鑑定の方法」Ｐ１０２に記載）とあります。私もこの著書の意見には賛成であり、自動車とバイクが一体となって道路上を５mも移動することは、決してないと思います。
　　まして、「左クォーターパネル（だけ）に衝突して、そこに前部を突っ込み、拘束された。」ことなどあり得ないと思っています。
　　タイヤ痕の方向が××車の衝突時および衝突後の進行方向だとすると、下川バイクは、この方向に進行中であった××車に進路をふさがれ、左３４度から衝突し、５メートル余りを引きずられたことになります。

図 3-1　林鑑定衝突角度を再現すると説明する実験写真（××は名前を伏せた）

　図3-1の説明は、路面タイヤ痕の開始地点を衝突地点として、林鑑定の衝突角度34度で直進バイクを乗用車が横切った形に乗用車とバイクを置き、乗用車がガードパイプに当たるのでありえないと説明し、図3-2では、警察の主張する乗用車停止位置に34度の角度でバイクを衝突させると、バイクはガードパイプを超えて直進してこなければならず、ありえないと説明します。

　衝突してから路面タイヤ痕を付けるまでは、バイクの向きを変え、前輪を拘束して押しつけるまでの空走距離があり、衝突位置はもっと道路中央寄りとなります。そうすれば現実にそうであったように乗用車は走行しながらハンドルを切って進行方向に向きなおれました。図3-1はわざと衝突地点をずらしてありえない形態を実験的に再現し、ありえないと切りすてます。

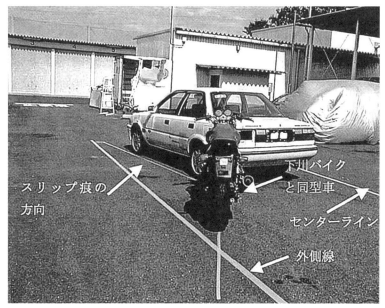

図3-2　林鑑定の衝突角度を不可能と停止車で作りあげる実験写真

　図3-2は、もともと乗用車が動いていたのでありえないことですが、実況見分調書の言い分どおり乗用車を置き、衝突角度だけを取りあげて、ありえないと説明します。これは誰も想定できない態様です。ありえない態様を示して、こちらの推定のように印象づけて、衝突角の否定に使います。自身の見立てのおかしさを、林鑑定のおかしさにすりかえるみごとなレトリックです。

　極めつけは注油孔の蓋の歪みです。

注油孔の蓋——

図3-3　乗用車オイルタンクの蓋の歪み写真

　乗用車注油孔の蓋の基部近くに歪みがあります。これはバイクがピッチングして倒れこみ、乗用車左鋼板が斜め前に押しつぶされたときに押しつぶされて外前にたたみこまれて飛びだした鋼板前端部がオイルタンクの蓋を押しだしたので、その圧力でやや凹んで施錠が外れて開いたものです。塗装のハガレはありません。激しくオイルタンクにぶつかるまでバイクハンドル部がはまりこんでいったのです。警察の見立てどおり、前に擦りぬけていったのならば、開いたこの蓋はもっと折れまがり、鋼板部と同じくらいに押しつぶされ変形し、場合によってはちぎれるほどに塗膜も損傷を受けたはずです。工学の専門家ならば、ありえない、力の大きさや激しさを無視して変形という説明だけで立証に替えて平気なのです。

　保険会社は、支払う金を少なく、受けとる金を最大にするために、事実関係を無視した意見を書き、裁判官を混乱させるもっともらしい便法を駆使します。

第3節　裁判所鑑定の実際

　あなたが交通事故鑑定人を知らない場合、裁判所に鑑定人の選任を依頼するしかありません。裁判所は大学などから鑑定人を探し出します。依頼の方法に問題がありそうです。客観的な鑑定に必要な手続きを踏んでいるとは思えません。少なくとも費用負担する依頼者の疑問を理解し、その奥にある課題を解くための情報を入手し、統括的に疑問を解き、提出前に納得させる場を設けるべ

きです。一方的な決めつけでその場をやりすごす鑑定を避ける機構を組みいれるべきです。

　浩央裁判で、熊本大学の機械工学が専攻の森和也助教授は、右に傾きながら乗用車の左後部をバイクヘッドライト部で押したとした（118ページ図3-4）、捜査報告書の鑑定態様を基に、バイクが傾斜して乗用車トランクリッド左下までヘッドライト部が低くなるシミュレーション式を導き、ありえたという結果（119ページ図3-6）を導き、事故態様の鑑定に変えました。態様については、諸証拠の厳密鑑定をせず、説明につごうの良い部分だけを寄せ集めつなぎあわせました。捜査報告書のむしなおしをしているだけなのです。計算結果の数字を表で示したそのシミュレーションは、バイク車輪接地面の軌跡の向きが現場痕跡の向きと逆で、現場痕跡とはまったく異なるものでした（120ページ図3-7）。高裁でその異常を指摘したところ、信用できないと地裁鑑定は否定されました。そのような安易な鑑定であることを確認せずに閉廷した地裁対応で、この鑑定結果が尊重され、裁判所で最初の権威づけとなりました。裁判所鑑定に際しては、鑑定を依頼する被告側から依頼できるようにすべきです。納得できない鑑定の提出は拒否するか、提出までの相互の質疑経過を提出すべきでしょう。受託鑑定人は、不明な点や曖昧な点を明示すべきです。このときに虚偽やまやかしを交えたならば解任されることも含むべきです。そのような対応なしに、客観性の名前のもとに、事故態様の機微を理解していない裁判所事務官に任せるのは、妥当ではありません。

　事実経過から推測すると、事務官が捜査報告書に従って不足分の補強を促したことが疑われます。そうでなければ、森和也助教授が警察側のどなたかと個人的な関係を持たれ、意図的に誤った鑑定を提出したことになります。それほど虚偽性が高いのです。いずれにせよ疑惑を生む鑑定を防ぐ仕組みを作りあげる必要性が裁判所にはあります。

　高裁でこの地裁鑑定が事実と反するために否定された結果を持って、熊本大学工学部で会見を申し出ましたが、工学部長に隠れて、森和也助教授は説明すらしようとしませんでした。無責任に鑑定費用だけをだまし取った大学教官でした。裁判所係官に任せた裁判所鑑定は、捜査資料の裏付けを与える役目しか果たしません。司法への手続きを独占的に選任された司法警察官や科捜研の後づけしか行わないのが裁判所鑑定です。真実を求めるのであれば、特に捜査報

告書に疑問を持っている場合には、裁判所に鑑定依頼することはやめたほうがいいと思います

　裁判所は、当事者同士の意見を聞き、相互の鑑定などを提出させ、両者の意見を聞いたうえで判決を下すとのことで、自身の見解を持たずに、両者の仲裁に専念し、見かけ上の公平さを保つのが通例だそうです。工学に詳しい方が少ないので裁判所が鑑定を依頼して、そのうえで判断することになりました。

　裁判所鑑定の費用はこちらが負担したのですが、鑑定の依頼は裁判所の職員が行い、鑑定内容の妥当性を確認することはできません。結果は、依頼の仕方に疑念を抱かざるをえない内容でした。

図 3-4　森鑑定衝突状態説明図 II -2-12

　森助教授の衝突状態の説明は警察の見立てどおりです。これだと右ハンドルが激しく損傷していなければならないのですが、右ハンドルには、まったく打撃損傷はありません。明らかな事実歪曲があります。

　また、衝突するまでの運動を漫画を描いて説明しています（次ページ図 3-5 参照）。

　進行方向から路面タイヤ痕方向に方向を変え（前後輪ともに斜め向きになっているｂ）、向きを変えたならば斜め方向に浩央の身体が向かわなければならないのに、衝突時に浩央は乗用車の左から中の方へ身体を突っ込むように説明図が書かれ、慣性の法則さえ無視した説明をしました。工学者なら菅沢深鑑定のように、運動量から鑑定するとか、衝突の変位量や変位方向から態様を求めるなどの鑑定が期待されるのに、そのような工学的な解析や鑑定をされず、ま

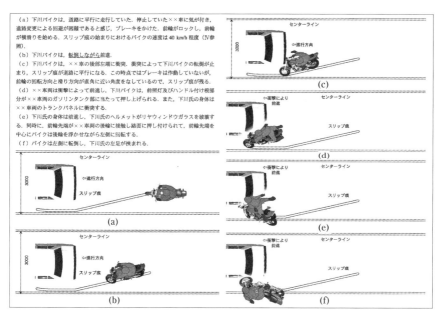

図 3-5　森鑑定衝突状態説明図Ⅲ-1-3a-f（××は名前を伏せた）

	時刻	重心位置		重心速度	重心加速度	膝斜角	角速度	角加速度	偏向角	角速度	角加速度	前輪接地点		後輪接地点		前輪荷重	後輪荷重	前輪摩擦	後輪摩擦
バイク質量	(s)	x(m)	z(m)	vx	ax	θz						x1	y1	x2	y2	N1	N2	F1	F2
232	0	0	0.57	11.11	-6.87	0	0	12.82	0.175	0	3.538	0.798	0.141	-0.62	-0.11	1626	649.6	-1138	-455
バイク慣性x	0.01	0.111	0.57	11.04	-6.87	6E-04	0.128	12.82	0.175	0.035	3.538	0.908	0.141	-0.51	-0.11	1621	652.2	-1135	-457
12.3	0.02	0.221	0.57	10.97	-6.86	0.003	0.256	12.82	0.175	0.071	3.538	1.018	0.143	-0.4	-0.11	1607	660	-1125	-462
バイク重心z	0.03	0.33	0.57	10.9	-6.84	0.006	0.385	12.82	0.176	0.106	3.538	1.127	0.145	-0.29	-0.11	1583	672.7	-1108	-471
0.57	0.04	0.439	0.57	10.84	-6.81	0.01	0.513	12.82	0.177	0.142	3.538	1.235	0.149	-0.18	-0.11	1550	690.1	-1085	-483
	0.05	0.547	0.57	10.77	-6.76	0.016	0.641	12.82	0.179	0.177	3.538	1.342	0.153	-0.07	-0.1	1509	711.7	-1056	-498
重心-前輪	0.06	0.654	0.57	10.7	-6.7	0.023	0.769	12.82	0.181	0.212	3.538	1.449	0.159	0.032	-0.1	1460	737	-1022	-516
0.81	0.07	0.761	0.57	10.64	-6.63	0.031	0.897	12.82	0.183	0.248	3.538	1.554	0.165	0.138	-0.1	1405	765.4	-984	-536
重心-後輪	0.08	0.867	0.57	10.57	-6.55	0.041	1.026	12.82	0.186	0.283	3.538	1.659	0.173	0.244	-0.09	1344	796.3	-941	-557
0.63	0.09	0.972	0.569	10.51	-6.46	0.052	1.154	12.82	0.189	0.318	3.538	1.762	0.181	0.348	-0.09	1279	829	-895	-580
	0.1	1.077	0.569	10.44	-6.36	0.064	1.282	12.82	0.192	0.354	3.538	1.865	0.191	0.452	-0.08	1210	862.9	-847	-604
前摩擦係数1	0.11	1.181	0.568	10.38	-6.25	0.078	1.41	12.82	0.196	0.389	3.538	1.967	0.201	0.555	-0.08	1139	897.5	-797	-628
0.7	0.12	1.285	0.568	10.32	-6.14	0.092	1.538	12.82	0.2	0.425	3.538	2.068	0.212	0.657	-0.07	1066	932.1	-746	-652
	0.13	1.388	0.567	10.26	-6.03	0.108	1.667	12.82	0.204	0.46	3.538	2.168	0.225	0.758	-0.07	991.9	966.3	-694	-676
後摩擦係数2	0.14	1.49	0.566	10.2	-5.91	0.126	1.795	12.82	0.209	0.495	3.538	2.267	0.238	0.859	-0.06	918.3	999.8	643	-700
0.7	0.15	1.592	0.564	10.14	-5.79	0.144	1.923	12.82	0.214	0.531	3.538	2.366	0.252	0.959	-0.05	845.6	1032	-592	-722
	0.16	1.693	0.562	10.08	-5.67	0.164	2.051	12.82	0.22	0.566	3.538	2.463	0.267	1.058	-0.05	774.2	1063	-542	-744
バイク慣性z	0.17	1.793	0.56	10.03	-5.54	0.185	2.179	12.82	0.226	0.601	3.538	2.559	0.284	1.156	-0.04	704.9	1092	-493	-765
31.2	0.18	1.893	0.558	9.974	-5.42	0.208	2.308	12.82	0.232	0.637	3.538	2.655	0.301	1.253	-0.03	637.9	1120	-447	-784
	0.19	1.993	0.555	9.921	-5.3	0.231	2.436	12.82	0.238	0.672	3.538	2.749	0.318	1.35	-0.02	573.7	1146	-402	-802
	0.2	2.092	0.551	9.869	-5.19	0.256	2.564	12.82	0.245	0.708	3.538	2.842	0.337	1.445	-0.01	512.3	1170	-359	-819
時間間隔	0.21	2.19	0.547	9.819	-5.08	0.283	2.692	12.82	0.253	0.743	3.538	2.935	0.356	1.54	-0	454.1	1193	-318	-835
0.01	0.22	2.288	0.543	9.769	-4.97	0.31	2.82	12.82	0.26	0.778	3.538	3.026	0.377	1.634	0.006	399.1	1214	-279	-850
	0.23	2.385	0.538	9.72	-4.87	0.339	2.949	12.82	0.268	0.814	3.538	3.116	0.397	1.728	0.016	347.3	1235	-243	-864
	0.24	2.482	0.532	9.672	-4.77	0.369	3.077	12.82	0.276	0.849	3.538	3.206	0.419	1.82	0.026	298.7	1254	-209	-878
重心-初速度	0.25	2.579	0.525	9.624	-4.68	0.401	3.205	12.82	0.285	0.884	3.538	3.294	0.441	1.912	0.036	253.2	1273	-177	-891
11.11	0.26	2.675	0.517	9.58	-4.6	0.433	3.333	12.82	0.294	0.92	3.538	3.381	0.464	2.003	0.046	210.7	1291	-147	-904
	0.27	2.771	0.509	9.534	-4.53	0.467	3.461	12.82	0.303	0.955	3.538	3.467	0.487	2.093	0.057	171.1	1310	-120	-917
初期偏向角	0.28	2.866	0.5	9.49	-4.47	0.503	3.59	12.82	0.313	0.991	3.538	3.552	0.511	2.182	0.067	134.1	1329	-93.9	-931
0.174533	0.29	2.96	0.489	9.445	-4.42	0.539	3.718	12.82	0.323	1.026	3.538	3.635	0.535	2.27	0.077	99.75	1350	-69.8	-945
	0.3	3.055	0.478	9.402	-4.37	0.577	3.846	12.82	0.334	1.061	3.538	3.718	0.559	2.357	0.087	67.68	1372	-47.4	-960
重力加速度	0.31	3.148	0.465	9.358	-4.34	0.616	3.974	12.82	0.345	1.097	3.538	3.8	0.584	2.444	0.097	37.71	1396	-26.4	-977
9.81	0.32	3.242	0.452	9.315	-4.33	0.656	4.102	12.82	0.356	1.132	3.538	3.88	0.608	2.53	0.107	9.621	1423	-6.73	-996
	0.33	3.335	0.437	9.272	-4.32	0.698	4.231	12.82	0.367	1.168	3.538	3.959	0.633	2.615	0.116	0	1454	0	-1018
	0.34	3.427	0.421	9.228	-4.39	0.741	4.36	12.97	0.379	1.205	3.777	4.037	0.657	2.7	0.124	0	1490	0	-1043
	0.35	3.519	0.403	9.183	-4.5	0.785	4.492	13.2	0.391	1.247	4.158	4.114	0.681	2.783	0.132	0	1535	0	-1074
	0.36	3.611	0.384	9.137	-4.63	0.831	4.627	13.43	0.404	1.292	4.554	4.19	0.705	2.866	0.139	0	1588	0	-1111

図 3-6　森鑑定シミュレーション結果図Ⅳ-2-1

ず漫画で説明し、そこから右傾斜しながら追突を前提とした運動の方程式を立て、シミュレーションし、傾斜バイクハンドルの高さが衝突位置になるとして、

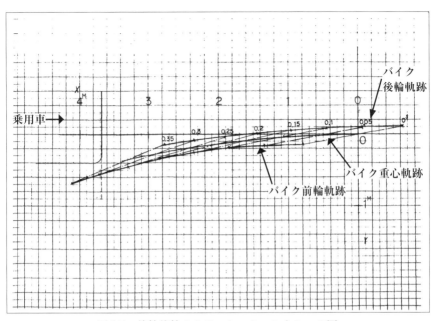

図 3-7　前輪後輪のシミュレーショントレース図

追突の見立てが正しいと鑑定しました。まるで、警察からスリップして傾斜し、乗用車を前に圧した運動形態を示すように依頼され、それを説明しようとしたとしか思えない鑑定です。

　ところが、これがまやかしだったのです。シミュレーション結果を図3-7に示します。この路面にスリップ痕を残したという前輪と後輪と重心の軌跡を図化すると、前輪と後輪の軌跡は左に湾曲していき、路面にあったタイヤ痕とは形状がまったく逆になっていました。説明漫画は肝心のシミュレーション結果も無視して描かれています。このような現実離れした鑑定を漫画でもっともらしく説明する姿は、とても大学工学部で教鞭をとり、機械学会でも活動しておられる学者の見解とは思えません。これでは詐欺犯罪者です。

　態様を唯一説明する漫画がシミュレーション結果に反しているのは、判断力を失っていたか、他人が作成したか、最初から虚偽鑑定を意図していたかです。高裁で否定された鑑定ですが、工学者として非難されることはありません。

　菅沢深教授がご指摘された工学的な常識を無視しているのは、工学者の基本的センスの欠落ですし、そもそも、衝突の説明図を描かれるのならば、斜め外に方向を変えてスリップしたバイクが、衝突時に乗用車内側に強く圧しこむよ

うな力をどこから得たのかを示して工学的な鑑定をしなければならなかったはずです。明らかに工学者として不誠実です。

第4節　裁判官とその判決の実態

1. 裁判官の実像

1）人事異動を原因に真相究明を断って手前勝手な推論が許される裁判官

　裁判官は、法廷を開く前に弁護士らと進行方針について調整しているのでしょうか。裁判所鑑定に対する反論意見書を提出したところ、相手側弁護士が「これは論議しなければならない」旨指摘したのに、「なんですかこれは」と、裁判官が弁護士をたしなめました。真実を突き止める必要はないのでしょうか。真相究明を放棄し、「私が判断します」と結審してしまいました。

　双方の意見を聞いて突き止めるのが裁判官を律する規範であるのであれば、規範に反する訴訟指揮です。あとで聞くと、人事異動を迎えていたそうで、それで結審して処理を済ませたようです。自分の人事異動と、事故の真相究明とどちらが大事なのでしょうか。明らかにおかしな裁判所鑑定をやりすごしました。中身の判断が行えないので、警察の目撃者を全面的に認めることで判決に変えたのです。

　その後裁判所鑑定は高裁で全面的に否定されました。しかし、地裁判決前に戻すことはできません。

2）作文で判決だけ言いわたして逃げる裁判官

　ドラマで見る刑事裁判では、裁判官が判決結果を述べたあとに、判決を導いた理由を述べるようになっています。しかし、経験した民事裁判では、判決結果、つまり1行足らずの判決文を告げるだけで、すぐに次の裁判に移行します。理由を聞いて十分検討した結果であるのか確認したいのですが、理由を書いた文章は判決後弁護士を通じて入手し、それを改めて読みこむようになります。本来は、理由を述べたうえ、その結果として最終的に判決を聞きたいと思うのですが、それはかないません。だからでしょうか、裁判中に寝ている裁判官がいたり、提出した鑑定書・意見書その他の証拠書類を読んだとは思われないいい加減な理由を書くような裁判官がいます。どのように判決文を書いても責めら

れることはなく、納得しなければ上訴しろというのです。なかには真相究明を努めようとする裁判官もいますが、少ないようでした。

2. 判決の実態

　三権分立で裁判が守られ、司法の独立が守られていることは、誰でも知っています。それだけ重要なことだからです。しかし、民主主義の根幹を構成する裁判制度、そこで判決を下す裁判官が、市民とまったく別な価値意識を持ち、警察、検事、判事からなる司法組織を守るために機能しているとしたら、国民生活を公平かつ正常に保とうとする、根幹の意義や民主主義に対する信頼を損なうことになりかねません。浩央裁判で、真相究明を妨げ、司法組織の不正をかばう判決がどのように出されているか、結論出しする部分を抜き出して実際の姿を以下に示します。

1）熊本地裁民事裁判

　前述したように、真相究明より人事異動などの行政処理を優先させた伊藤正晴裁判官は、次のように判決しました。

　「本件事故現場付近の本件国道はほぼ直線であり、はみ出し通行が禁止されていたことから、乗用車が走行車線を走行していたとは考えがたい」としています。通常の走行状態では事故は起きないのです。通常と異なる事態があったからこそ交通事故は起きるのです。交通事故の因果関係を判断する基本的なスタンスが間違っています。

　「本件事故の目撃者も少なからずいたと推測されるところ、本件事故は、発生直後から追突事故として扱われていた」からと言います。事故直後から目撃者はいないと伝えられ、私は必死になって探しまわりました。警察が真の目撃者を黙殺し、さらに目撃者が出てくることを必死になって押えようとしていた事実を無視していますし、追突と決めつけたのが警察で、証言に立った救急隊隊長が「浩央は乗用車に衝突したと言い、追突とは言っていなかった」と証言したのにそれも無視して、この客観的な証言までかってに否定しています。

　論争に勝つために、停止車両に林鑑定の衝突角度（まっすぐに走行していた浩央バイクに乗用車が横切った角度です）でバイクが衝突すると、外からバイクが来ることになると、否定論法を使った相手側の論法（前節で引用説明した

保険会社の論法）に無原則的に乗って、林鑑定を事実誤認して否定し、「本件スリップ痕北端部分で衝突があったのであれば、その付近にガラス片やプラスチック片が多少なりとも散乱しているはずではないか」と、実況見分で、警察がもともと一面に散乱したガラス片を隠していることの異常さを指摘することもせず、通常ならあるべきはずの証拠がないことには関心を向けず、法廷で一度の確認もせず、突然勝手に出された作文だけを根拠に無理に推論を重ねます。さらに、当たって打撃損傷した部分の隣の当たっていない部分について、「当たりの有無ないしその可能性について言及されていない」と言いがかりまでつけ、相手側が非常識なことを言いつらねて、強く反論した林鑑定を「感情的表現を多用した意見書」とフレームアップして否定します。

　林鑑定人の言葉尻をとらえて否定するのは、裁判ではよく行われる論法なのかもしれませんが、私の書いた意見書とともに総合的に判断いただければ、心眼を失うことはなかったと思えます。

　なにより、「発生機序を自然科学的ないし工学的に積極的にしなければならないものではなく」として、非常識に頼るような失敗はしなかったでしょう。森和也助教授の裁判所鑑定は高裁で完全に否定されますが、熊本地裁では、"警察の調書は、無謬なもの"と見なされ、全面的な依拠資料となりました。捏造はこの裁判では貫徹されました。

２）福岡高裁民事裁判

「この事件にはおかしいことがある」と裁判官が指摘して始まった高裁裁判は、すでに述べたように、疵合わせ検証をしてくれました。せっかくの機会だったのですが、ようやく探し当てた関西の助教授は、林鑑定人と裁判で対立して悪印象を持っていました。1時間に限定された検証で、相手側の主張をトレースして否定することから開始し、林鑑定の指摘事項には触れず、自らの新発見に意を注いでいるように見えました。前段で車の中からホイルカバーを探しだして傷跡を解説してみたり、バイク前照灯電気部品を座席から探して解説した上わざわざ証拠にならないかもしれないと言ってみたりしました。

　中段以降、自分自身が大きく変形する部材であると指摘している樹脂製フェンダーの痕跡に着目して衝突角度を割りだそうと矛盾した対応で大きく時間をさき、勝手にわからなくなって困惑して時間切れ時刻になりました。そこで申し訳程度にこちらの態様を尋ねました。時間切れなのです。そもそも変形して

復元していない鋼板打撃部の変形量や変形角度およびその様子を基に鑑定した林鑑定に触れずに、容易に変形してまた元に戻り、確固とした判断ができないところに執着して、変形量や変形方向の事故解析ができると装うこと自体が、客観的な鑑定の方法から外れています。

　結局疵合わせ検証時間が不足することとなり、準備不足もあったのでしょう、終了間際に「バイクは後輪が上がっていたのだろうか」と疵合わせ鑑定人がつぶやくような不勉強、私から言わせれば不誠実が原因の時間切れで納得のいく理解を得ることができませんでした。したがって判決文で、「本件事故痕跡の形成過程すべてを明らかにすることはできなかった」とされました。また、いろいろな指摘は、捜査権を警察がにぎり、突き止めることが難しいことから、「相手が本件交差点を左折しようとしていた旨主張するが、これを裏付けるに足りる証拠はない」となり、「目撃者証言の信用性に疑問を抱かせるような事情は認められない」となりました。

　衝突角度について、疵合わせ検証鑑定人も左折進路妨害ですが、衝突角度は8〜20度とし、林鑑定人が34度としていたので信用できないとし、下川がこの34度から十数度の間としていたのを林鑑定人と同じとして退けました。私の意見書は、路面タイヤ痕の傾斜角度にも注目して衝突角度の修正も提起していたのに、林鑑定と同じと否定されました。いずれにせよ細かい数値を引きあいに左折巻きこみの態様自体を退けました。また、「本件二輪車が本件自動車の側面を後方から前方に向けて擦過した痕跡が残っていることからすると、本件自動車のほうが早かったことは明確に否定される」と、斜めに遮ったときの前に向かう分速度は小さくなることへの無理解があり、停止線で停止するためにブレーキを踏みながら前を遮った点を、乗用車スリップ痕がないからありえないと否定します。急ブレーキでなければ明らかなスリップ痕はできません。

　さらに「本件自動車がその衝撃により前進中に、本件二輪車の前輪が本件自動車の左後輪を擦過した場合であっても、本件自動車左後輪擦過痕は形成されうるから、本件自動車後輪擦過痕から衝突時点で本件自動車が動いていたと認定することはできない」と、意味のわからないことを挙げます。菅沢深鑑定で明らかなように、追突で乗用車は、動いてもゆっくりなので、すぐにバイクは通りすぎ、車輪を1周するような擦り跡を残すことは不可能なのです。誰も言っていないことを作りあげ、乗用車左後輪擦過痕の形状から見てもありえないことを平然と作りあげます。勝手な理屈を作りあげています。ありえない理屈を

言っても、誰からも責められず、結局警察の捏造を認めることに加担します。

3）最高裁

　路面に飛散していたであろう落下物をまとめ、図 1-37（43 ページ）にまとめて上訴しましたが、主文は「本件上告を棄却する。本件を上告審として受理しない」というものでした。内容は見ないというのです。憲法違反の審議か、重大な法令違反などがないと取りあげないというのです。追突では説明できない飛散落下物の事実の提示に対し、「事実誤認または法令違反を主張するもの」であるから最高裁の審理に適さないと棄却しました。高裁で棄却されたらば最高裁で取りあげることは実質的に不可能なようです。捏造は素通りし、確定します。

4）東京地裁民事裁判

　警察が調書類を捏造していたことが、これまでの裁判の結論を歪ませてきたと気づき、改めて警察捏造で熊本県を告発し、刑事事件は地検検事の悪巧みで棄却され、検察審査会で内容を審理してもらう機会を失いました。前に述べたとおりです。本章の第 1 節で示したとおりです。民事事件として捏造告発し、相手はいわゆる辞め検 (元検事だった弁護士) を弁護士に選任してきました。大変な布陣です。

　まず相手側は、時効で消滅していると主張しましたが、捏造に気づいたのが平成 15 年 9 月 18 日よりあとなので消滅時効はいまだ完成していないと、告発を受け止めて審理に付しました。

　ここで、現場の実況見分写真に落下物などの違いがあり、写っていないものも出てきて、撮影日が異なる。つまり捏造するために落下物を取り去ったり、捏造するために置いたりしているという指摘に対し、調書に閉じる順番（ページ）が争点であるかのようにとんちんかんな理由づけにして、警察を擁護しました。

　また、事故現場に落ちていたはずのガラスやプラスティック片の記載がないのは、「それらの位置は本件事故直後の位置とは違うものと判断して、それらの記録や写真を撮ることをせず」と、その証拠写真を隠蔽したことには目をつぶりました。掃除もせず、直後に駆けつけた医師の指示もあって自動車道には誰も立ち入らずに現場保存されておりましたし、交通事故現場であれば、どこ

でも多少の人の出入りがあって落下飛散物の確保状態は同じような状態で、現場保存は可能であり、実際に大量の飛散ガラスの写真を撮影していたのにです。写真撮影し、記録に残すのは当然であるのに、捜査の常道を違えていることを擁護しました。

さらにこの事故直後の状況を証言した医師とその親族の証言を、「採用することができない」と切りすてました。徹底的に警察を無条件で擁護します。路面タイヤ痕については、実況見分添付写真に「"被疑者下川運転車両が印象したスリップ痕の状況"と説明文が付されているから、スリップ痕である」と主張し、捏造疑惑の対象となっている警察の調書自体を審査することなく、全面的に認め引用して理由に上げ、正当化します。審議する前に採用してしまっているのです。冤罪を裁判する意味を否定しています。

乗用車左後輪の擦り痕については、「本件擦り痕ではないと判断したから」とし、相手側保険会社を含め、鑑定に関わるほとんどが本件事故に起因する生々しい擦り痕と指摘していることをも無視し、勝手に決めつけ擁護します。

本件では菅沢深鑑定書が出され、さすがにバイク追突で乗用車が動くことはありえないと認識したのか、追突で乗用車が前に動いたものでないことは認めました。つまり警察調書どおりに乗用車が前に5mほど動いていくのを目撃したという捏造された目撃証言は否定され、目撃者を警察が作りあげたことを裁判所でも認めたのですが、文章ではその捏造には触れず、チョークで書いた人と実況見分調書を書いた人が違うという理由で警察の捏造を擁護することにすり替えました。どんな論法を使っても警察組織、司法関連組織の不正が露見しないように論や真理を曲げて、原優・山崎恵・谷池厚行裁判官は勝手な判決を出しました。判決で棄却し、捏造を補完しました。

5）東京高裁民事裁判

棄却されたとはいえ、警察で作りあげた目撃者が捏造であることを実質的に認めました。捏造を認めさせるにはあと一息でした。浩央の手術をしていただいた医師から、「当初警察からバイク追突と伝えられたために原因を追突としたが、医学的損傷に着目すると球状突起物がダメージを与えた」として、林鑑定のピッチング現象によるバイクハンドルによるダメージを示唆されました。また、近景・中景・遠景写真に写っている飛散物の違いから近景写真の交差点付近に写っている落下物は、事故日翌日以降に撮影されたことを指摘し、遠景

写真でも微細片は識別できることも書類化して示しました。これに対し判決は、ほとんどを地裁判決に基づき、多少の字句追加をし、「遠景写真は見通し写真であるからマーク痕が識別しにくいのは当然」と、勝手な論理を持ち出しました。

　写真は現場を写したもので、遠景写真の交差点にメーター部品が写っていないのは撮影時間が変わって、撮影時になかったか、そこにはなかったのに近景写真と中景写真の撮影時に人為的に置かれたからに相違ないのです。写真が意図をもって写ったり写らなかったりという不自然はないのです。遠景写真をはじめ各撮影位置で微細片も写真に写り識別できることをＣＧによる証明で出しているのです。

　高裁判事の大谷禎男・相沢哲・吉村真幸は、まったく中身を読まずに工学的な事実を無視して警察調書を擁護し、捏造をサポートします。

　このように裁判所判事は、恥も外聞もなく同じ国家組織である警察による捏造を擁護・補完します。通常判決文は当事者しか知ることはないので、こじつけや決めつけ、誤った論理づけでなりたっても責められることがなく、威信を傷つけることもなく、外聞を気にする必要がないとでも思っているのでしょうか。

第5節　なぜ冤罪は生まれるのか

　なぜ冤罪が生まれるのか、浩央バイク事故から見えてきた理由や根拠を整理し推定してみます。

1．警察組織だから発生する

　犯罪人の第一次的な捜査として刑事罰の罪人を絞りあげるめることができるのが警察ですが、冤罪は、その独占権を悪用することで作りあげることができます。この悪用が黙認される機構構造にこそ、冤罪発生の根本原因があります。

1）現場主義
　事件が起きると現地警察署に捜査本部が置かれ、捜査権限はここに一任されます。ここでは捜査指揮する課長などの思惑が絶対的な指針となります。地方

127

自治体でもある警察の運用への影響や、警察組織や行政への威信の確保および地元有力者とのコネクション重視などに目先が利く指揮官であると、はやりの忖度や配慮を優先させて、証拠を隠蔽したり、目撃者を作りあげたりします。

・警察関係被疑者を隠し地域警察の威信を確保・温存する。

・警察の許認可の不備や失態の露見を防ぐ。

・行政組織の不備やミスを見逃し独占的権限を誇示する。

・地域有力者や地域貢献した者の罪をカバーして、特秘的な関係性を作りあげる。

この政治的な意図に基づいて、証拠隠滅や目撃者の作りあげやその証拠操作が行われました。

警察署内の捜査方針は署長の同意を得て科捜研を担ぎだし、"現場に異議を持ちこまないようにする"ために、直接の事故原因とは繋がらない、そして異なったことが責任追及されない、実は曖昧で乱雑な実験や検証を行い、鑑定書の名前をつけて提出させます。

警察の現場主義は内部牽制を封じた運用指針のようです。

署外には、選ばれた証拠立てと淀みない官僚的文書で粉飾された捜査資料が提出されて、工学的知識に乏しい文官から、指摘されないような体裁が整います。

捜査指揮者は、地元や行政の汚名を隠した功労者となります。

大岡裁きというものがあります。庶民の義理人情に即して、難題を解決してゆきます。作り話ですが、人気があります。上記の警察の捏造は、被疑者とされた被害者死亡をいいことに地元に罪人を作らない善処のように見えますが、裁かれる悪徳商人の処世術です。事故をなくし安全な市民社会を構築するのには何ら役立ちません。警察の利権を守るために、権限を悪用しているのです。

2）恣意性ノーチェック

捜査資料の中には、客観的な事故態様を導くために、必要な証拠を丁寧に集め検討した形跡が見つけられません。事故直後の痕跡や落下物などを隠蔽するだけではなく、来歴の推定や検証をした様子がありません。ただただ一方的な決めつけを重ねるだけです。

おそらく捜査指揮をしたであろう川邊五郎課長は最初からバイク追突と決めつけ、警察で作る事故証明を私に持ってこさせて、"追突"を証明書として確

定する作業をさせました。現場に出張って証拠類をまとめた藤本収係長は、現場で私が発した疑問には答えられず、「捜査中」とのみ返事しました。川邊課長のように確定できず困っても、その場で恣意的な返答はできず、しかし、私の疑問に直面することのない事故直後や相手側の実況見分調書および作りあげられた目撃者の実況見分調書では、出水博司法警察官や迫中範三巡査部長、東宏明司法巡査を補助員において、証拠を隠蔽し、歪曲しながら恣意的な調書を作成しました。

　また、相手乗用車と浩央バイクの実況見分調書では、川邊五郎課長の立ち会いの下、藤本係長が迫中範三巡査部長を補助者に調査し、左折巻きこみとわかる証拠は隠し、ただ疵の変形位置を計測して、態様推定に必要な肝心の三次元の変形量は記載しませんでした。衝突位置や衝突角度そして乗用車に巻きこまれて引きずられて飛んだ黒いタイヤ粉や乗用車左後輪の周方向の擦り痕を隠し、はまりこんだ様子の観察はしませんでした。そして堀川義憲巡査部長は、警察署長であった木原茂警視に宛てて、証拠はなく、歪曲して誘導する部分もある決めつけ論理で、しかも断定的で、さもらしく装った捜査報告書を作成しました。

　地方の警察署の交通事故係員の全員と思われる署員の誰も恣意性に言及していません。

　前記した保険会社調査会社の現地調査員が、現場で寸法を測り終わって川邊課長に面したときに「本当は乗用車が巻きこんだんじゃないの」と言うほど、明らかな痕跡があったのですが、警察署の全員が目をつぶっていました。このとき私は警察から「追突」と説明され、路面タイヤ痕をバイクスリップと見なして態様がわからず悩んでいたので、「まさか」と応えてしまいました。このときに耳を傾けていたならば、事態は変わっていたのかもしれません。

　いずれにせよ現場警察には、恣意的な扱いをチェックする機能がありませんでした。

　交通事故訴追について知識があると思われた葉玉検事も、事故直後とは思えない直後の実況見分写真に疑問を出さず、工事現場であれば当然確認しなければならない安全設備の装備状況を確認記載させず、不備におそらく気づいていただろうと思われるのに、事故態様の真実性や真相に関心を払うのではなく、裁判を維持できるかに関心を集中し、岡っ引きの言うとおり、目をつぶり、前段に通りやすくするように文章を付して（手にしていないので私の想像の決め

つけです）訴追資料を作成しました。恣意性のチェックはなされた形跡があり
ません。

　裁判になると、裁判官には判決を下す絶対的権限があり、そのときの理解力
を問われることはありませんし、判決文に誤りがあっても、法廷では主文の1
行を宣告するだけで、誤りを指摘されることはなく、不満があれば上訴せよと
逃げおおせます。自己完結的に確定させことの重さを感じ恥じることも第三者
から責められることもないので、恣意性を自主的にチェックすることはないと
言えます。

　第三の何らかの機関が必要です。

3）非開示

　捜査段階の実態や、客観的な判断に導くための基準資料そして裁判そのもの
の運用進行の実態が社会的な目に触れる機会がないので、冤罪を摘出し正常化
する機能が働かないのではないかと思います。客観的な真相を求め、冤罪を防
止する観点から以下に観察してみます。

①捜査資料

　捜査資料は事故発生から1年2か月以上後の年末12月28日に刑事告訴さ
れ、その後年が明けてから初めて弁護士より受けとりました。作られた罪名を
確定するための警察側の立証資料で、写真はカラーコピーでした。警察側が裁
判を維持するために装備した資料だけを、罪名を確定し、その立証のためだけ
に纏められた資料だけを、捜査資料として法廷に提出し、他の捜査中に得た写
真や証言などの資料は、まったく示してきません。どのようなものがあるのか
さえわかりません。

　浩央バイク事故では、私がすぐに現場に飛び、調べまわり、そしていろいろ
なツールを開拓して隠された証拠を探しだし、林洋鑑定人や菅沢深教授の鋭く
本質を突いた鑑定資料があったので、事故態様の真相や捏造の実態を知ること
ができましたが、通常はそこまでやる例はきわめてまれと思われます。捏造は
警察のもくろみどおり貫徹されるのです。

　ましてこれらの捜査資料は当事者である私どもにしか開示されず、写真もカ
ラーコピーで詳細の確認はできません。真実に向かう疑念打開への道筋もが閉
ざされています。冤罪の摘発を社会的な検討俎上にのせることはさらに難しい

と言えます。

② 鑑定基準や資料類

　事故後の損傷から両車両の衝突時の挙動を読みとき、路面タイヤ痕や飛散落下物、そして身体や衣服・装備の状態を含めた総合的な検討から事故態様を見出す。そして事故が起きたときの周辺の道路状況や交通状況を確認することで事故を誘発した原因や要因をつかみとります。これらが十分に整って入手できることはないと思いますが、しかし、おのおのの挙動、態様、要因をつかむことが、なぜ事故が起き、どのようなダメージに繋がっていったかの説明になります。

　これらを判定するための基準や資料が整備され、公表されることにより、恣意的な運用は抑制され、独善的で決めつけとなる捜査書類は少なくなってくるのではないかとと思われます。

　社会的な公平性を保ち、真相を知ることにより的確な対策が打てるように、市民社会に公開されたデータベースを整備することが求められていると思います。

③裁判資料：鑑定・提示資料・判決文

　司法界は行政府や立法府と独立し、法秩序が保たれた静謐な場所という印象があります。私が経験した司法の場は、法廷で寝ているというたまたま目撃した弛緩した判事の姿だけではなく、異動を理由に真相究明を放棄して勝手な作文でしかない決めつけ的な判決をしたり、ありえない常識を作りだして歪曲したり、裁判する必要性を自ら否定する、事実を歪曲した相手論調に依拠した判決文であったりし、権威のひとかけらも感じられないものでした。裁判官は、自ら真相を求めるのではなく、双方の言い分を聞いて判決を下すことが義務で、文章構成に非がなければ、判決自体に責を負うことはなく、上訴という形で他に審査そのものが移行して責任逃れするというものでした。しかも最高裁は事実を審査せず、内容を見ることもしないのが実態でした。

　交通事故は、国民同士の抗争ですから、国民に隠す必要はどこにもありません。判事をはじめ相対して対応している関係者の発出した証拠資料を含め、審理と判決のすべてを開示可能とすることにより、虚偽や罵倒や揚げ足取りのような意見書も社会の目に晒し、まともにかみあった論争になるようにして、判

事の判断の支えとすることが必要だと思われます。

　そのように真理と判断の緊張感が保たれることにより、三権分立した司法界の実のある権威が保たれるのだと思います。

　必要なのはその開示された裁判資料を、さらなる信頼と信用に近づける市民組織の成長であると思います。

2. 司法組織の形式的な権威

　司法組織は信頼を満たす権威を有しているのでしょうか。

　浩央バイク事故裁判では、当初証拠の捏造を意識せず、実況見分調書を第一の捜査資料として論争の場を形成してきました。現場警察が捏造し、検事が追認した捜査資料の不備を指摘し、意図的に隠蔽した写真や証拠類を法廷に出させることはしませんでした。この件については、林洋鑑定人から要請された「実況見分時の写真フィルムを警察から提出させる」ことを弁護士が拒んだことも影響しています。また、他の交通事故冤罪事件では、民事事件で警察側に請求した写真類が、刑事事件が完結したのでない、として法廷俎上に載せられなかったとの話も聞いております。生々しい写真がない事故直後の実況見分調書には、作為や不都合な意図が働いていると見て、他の証拠類を含めて適正化を図れる仕組みや指揮運用が必要です。

　裁判中に保険会社から出される鑑定には、工学的にはありえない虚像を作りあげ、平気で真相を押し隠す鑑定があります。虚偽鑑定を出しても、体裁と論調を調整しさえすれば、主張と理解され、罰されることはありません。錯誤や歪曲、決めつけで満たされた嘘のつき得のような法廷の姿は、普通の市民には異様です。判決文が市民の目に晒されないことをいいことに、裁判官自体が、論争の焦点をずらしたとんちんかんな判断で逃げのびたり、法廷で研ぎすますことのない勝手な判断を正当化したり、当然あるはずの証拠隠しを弁護し、警察官を含む司法組織温存の悪弊を繰りかえし、法廷秩序で覆いかくそうとします。

　これらの悪弊を正し、国民を信頼して、市民に開示し、市民からの後づけの評価などにより、極端な弁護鑑定を抑制する措置も必要です。今は裸の王様のような形式的な権威をまとっているとしか見えません。

　技術進歩や情報メディアの展開に遅れない、実質的に真相と真実に満ちあふれた、信頼される法廷に改変する努力が必要と思われます。

3．市民社会に依存するしかない客観性・公平性

　司法組織に信頼が置けないと裁判が成り立ちません。座して不正や歪曲を眺めても胃や気持ちが悪くなるだけです。しかし、現状を見つめなおすと、不正を訴える組織や機関はあっても、是正を推進する組織は見当たりません。裁判をになう制度は、弁護士、検事そして判事に三分され、抗争するものと判断するものに役割が機械的に分割され、真相をどのように摘出し判断させるかという横断的な機関が司法界には存在していないように感じられます。

　今はまったくない組織ですが、市民の中に、英知を結集して、虚偽や欺瞞を見抜き、安直な判断を許さない、客観的な公平性を確保する場を作る必要があると思えます。情報ネットワークの進展は、Wikipedia という辞書機能を発展させています。問題点の指摘もありますが、市民の知る権利に多少は役立っているのではないでしょうか。

第4章
真相をつかむために

第1節　あなたができること

　本当の真相をつかまなければ、交通事故を繰りかえさないための対策や措置を作りだすことはできません。何よりもあなたが、事故態様や事故をもたらした原因に納得しなければ、前に進めないでしょう。

　浩央のバイク事故で何もわからないところで裁判に巻きこまれ、約10年間揉まれながら、この本を書くに至った経験から、お伝えできることを示してまいります。

１．真相究明のためにあなたができること

１）事故直後（証拠の残るうちに）

①救急病院で

　事故を告げられ、あなたが病院に駆けつけます。話ができれば事故の状況を聞き、ポイントをメモしておきます。主治医が来たならば、ダメージの箇所と様子、手術を受けたのならば、その様子をお伺いします。担ぎこまれたときの様子や会話の内容も大事です。できれば対応された看護師にも様子を教えていただきましょう。

　このときに、事故原因について発言があった場合、警察の見立てから判断しているのか、手術した内容から推定できているのか、あるいは両方なのか、注意してお伺いします。入院した方が、何もしゃべることができない場合、あなたの目で確かめるしかありません。

　どこにどのような損傷ダメージがあるのか、骨折か、手術した部位か、擦り傷か、切り傷か、肉がえぐれるようなダメージか、大きさや方向はどうなっているか、打撃損傷のない部分はどこか。可能なかぎり把握し記録しておきます。カメラをお持ちであれば撮影しておきます。

　また、服装や装備品、携行品の様子はどうか、裂け疵、擦り痕（熱で溶けた様子）、付着している色と付いている様子。上着、ズボンだけでなく手袋や靴についても細かく観察記録します。できるだけ写真を撮っておきます。

②１週間以内に

　事故後の処理がすみ一段落したらばすぐ、肉親が死亡されたときには葬儀があり、その後の後始末や、おそってくる虚脱感で大変だと思いますが、事故直後の痕跡が残っているうちにできるだけ早く、理想的には１週間後、遅くとも１０日後までに現場に行って、ご自身の目で痕跡を確認し、証拠を確保します。

　事故の起きたときの状況を確認するには、同じ曜日の同じ時刻の事故現場に行くのが最も望ましいと思います。

　まず現場で配置や交通状況を確認し、路面や路肩に残っている事故の痕跡を確認し撮影しておきます。

　まず、警察にまいります。事故直後の実況見分をし、いろいろな捜査をして情報を持っているのは警察しかありません。まず見立てを教えてもらい、推測した根拠を示してもらいます。推測した根拠を写真などで示すと思いますので、写しておきます。帰宅して皆に説明すると言えばよいでしょう。このときに、相手側だけでなく、救急隊・通報者・目撃者および治療した医療機関について氏名や連絡方法を教えてもらいます。

　次に事故車両を見せてもらいます。損傷状況、動かせるのかどうか、変形や擦り傷、付着物だけでなく、正常面も撮影しておきます。時に粉体や剥がれかけた塗膜などがあることがありますが、それは生々しい証拠なので、しっかりと記録します。警察担当者と見立てなどについて会話しながら記録します。事故直後の双方の車両のあった場所や向きなどについても教えてもらい、打撃対応を推定しながら観察します。

　そして事故現場に案内してもらい、警察の見立てと現場の痕跡との照合を行います。実況見分したときの白墨痕が残っています。そこで安全施設などの配置運用にも目を配り、記録します。

　警察と別れたあとに、事故現場の30m手前、50・100m手前から見通しなどを撮影しておきます。

　できるかぎり相手側にお会いして必要ならばお詫びし、事故発生時の様子をお教えいただきます。

２）関係者や目撃者を訪ねて

　事故発生後の様子を具体的に知る方にお会いし、なぜどのように事故が起き、救護されていったかを複合的に知るための情報の収集です。

①救急隊

　救急駆けつけして事故直後の被害者の被害状況について最も詳しく知り、事故を目撃したかもしれない人物についても、情報を有していることがあります。事故後、事故被害者は交通に障害にならない場所に移されているでしょう。それでも事故直後の状況については、救助した方などから何らかの情報を得ています。

　事故後の交通渋滞を解消するために、誰がどのように対処していたのか、この直後の交通誘導やあとから駆けつけた警察官が誰で、何人で何をしていたかの情報も把握しています。

　また、病院に搬送するまでの傷病と救急措置の様子を確認し、会話が可能であったか、会話が可能であったのであれば、事故の様子についてどのようなことを話したか、教えてもらいましょう。何らかのやりとりはあったはずです。

　そして元気づけたり、救急措置や救命措置をしてもらった救急隊には、まずはお礼を述べましょう。

　誰が通報してくれたのか、通報者について確認しましょう。救急隊の本庁に記録されていますので、時刻も正確に教えてくれます。通報者は事故目撃情報や、ほかの目撃者がいたのか、それは誰か、あるいは事故で誰がどのように行動したのかに関する情報を有しています。できるだけ詳しく記録しておきましょう。

　到着したときの現場状況、被害者のいた場所・姿勢・様子、相手方の様子、事故車両の位置と飛散物の様子を知っているかぎり確認しましょう。ダメージの様子と救急措置、バイタルの様子なども聞いておきます。

　搬送中の様子や、搬入先とのやりとりや対応措置、搬送中に事故被害者が話した会話の内容を確認します。言葉尻まで正確に確認しておきます。肉親であれば、その言葉に心が痛むこともあると思いますが、この世の中で最後に伝えたかったことかもしれませんので、しっかり受けとめ、記録します。医師や看護士が乗りあわせた場合には、その方の所属・氏名も確認しておきましょう。搬送先で処置できず、転院する場合には同乗することもあるようです。最初に確認する医療関係者ですので、そのときに観察した症状や交わした言葉は大事な情報です。

　そのほか気がついたことを確認します。痛がっていたり、苦しさのなかで受けこたえしたときに感じたことなども聞けると思います。

②通報者、目撃者や駆けつけてくれた人

事故直後に目撃者がいて申しでてくれていれば、目撃証言を自身で拝聴し、確かめます。目撃者については詳しく後記します。

事故目撃者がいなかった場合には、事故音に気づいた人はいなかったか、その音の特徴や程度はどうであったのかを聞きます。「ガーン」や「ガシャーン」と「ガ・ガ・ガ・ガ・ガーン」では当たり方がまったく異なります。

事故直後の状況を確認していくと、救急車を呼んだ方や事故後交通整理した方を含めて、そこにいあわせた方が出てきます。事故そのものを視認していなくとも、衝突音は、事故時の状況の客観的な判断のためには貴重な証言です。

救急車が来るまでの間、事故当事者や警察・いあわせた方々がどうであったか、いつ救急隊が来て、搬送するまでどうであったか、話せたのか、搬送後の事故現場の整理・清掃は誰が、どのように行ったのか、事故痕跡の保全にかかわるので確認しておきます。

複合的な関係者の情報収集は、目撃者が捏造されたり、虚偽情報が纏められたりしたときに、総合的に事故真相の妥当性を確認するときに大変に重要です。

3）捏造完成前に

1か月も経つと、警察の捜査方針が固まってきます。あくまでも真相究明が目的ですから、目撃者をはじめとした関係者の事情の聞き取りを進め、証拠品の収集、事故態様鑑定に向けた専門家を確保し、見解を聞き、あなたご自身が納得されるまで、疑問の払拭に努めます。

事故現場で、工事をしていたならば、その安全監視員、仮設信号機・標識類を、周りの施設との位置関係がわかるように確認し、詳細を尋ねるために、工事名称と工事会社・責任者および事務所の場所、電話番号を確実に記録し、現場事務所を訪ね、安全管理施設と運用の記録を拝見します。

何らかの不備・不良を改善するための工事です。安全を期すための装備や保安要員がいたはずであり、事故を見ていたはずですので、なるべく早く会って様子を確認・記録します。

また、道路管理者と担当部署を確認します。国道なのか、都道府県道や市町村道なのかはありますが、とにかくどこかを尋ねてみればそこで区分はわかります。こうして道路の運用管理を司る担当部署は把握しておきます。

事故当時の様子を再現できるまで詳しく聞き、施設、痕跡を確かめ、目撃者

や関係する方々の意見を聞き、知りうることの確かさが増すようにします。

　何より事故態様を正確に把握することです。証拠の妥当性を確認し、事故鑑定にしっかりと対応できる鑑定人を探しだし、鑑定を依頼します。あなたが調べた証拠類の正確さ、必要十分な収集が正確な鑑定に結びつきます。事故車両は、証拠保全できるように管理され、事故直後の写真や証拠をきちんと把握し整理して提示しているか、ちゃんとした鑑定人ならば、不足している証拠に気づき、そこを指摘してくれるはずです。

　警察に遠慮なく証拠を請求、あるいは閲覧記録します。非協力的であれば、弁護士を通じ、裁判所経由でも請求します。

4）捏造が疑われたらば

　警察の示唆する事故態様に納得がいかず、あるべき証拠をなかなか出さない場合、事故原因をゆがめるために画策している場合があります。手元に決定的な証拠がありません。

　もう一度詳しく現場に残された痕跡を詳細にたどり、残された微細片や打突痕跡などを探して記録します。寸法や配置にも注意します。また、現場周辺の居宅者や通行人にも目を配り、広く目撃者を探すのも方法の1つです。思わぬ証言が得られたりします。

　もし現場で工事をしていた場合には、発注管理者に断ったうえ、現場事務所に行き、事故発生時の状況を詳しく聞いて確認します。そして、工事中の安全対策がどうであったか、設計図や許可申請図を見せてもらい、写真記録します。今ある現場状況と違うとすると、事故後追加されたものです。その理由を聞きましょう。

　また、受注契約書の積算部分を見せてもらいます。私は、この現場事務所訪問で、誘導員が積算ミスで配置されていなかったことや、工事現場の表示板や仮設信号機が事故後追加されたことを知りました。「事故を起こしやすい信号」であったことに気づいたのはさらにそのあとです。工事管理者は責任を問われることもあり、返答に慎重です。直接作業員にも事故直後の状況を確認し、全体的な妥当性を確保することも大事です。

　相手側が逃げまわるようなときには、専門の調査会社に頼んで背景を調べる必要が出てきます。地方自治体の関係者であった場合には、公になった人事や行事について地元の新聞社の支局などや新聞博物館に記録が残されているとき

があります。地域のニュースなど地元の図書館にも置いてあります。何より図書館には現場や相手、目撃者の住所の載った地図があります。地理的な関係を理解することができます。

2. 何をどこまで

1）工学的な関係

専門技術者はおられないでしょう。まず保険会社に鑑定を依頼し、見方を教えてもらいます。そこで納得されたのならば、それで了承されればよいでしょう。納得いかないときは、できるかぎりご自身で事故の真相にアプローチしてみます。

①事故直後の状態の正確な把握

事故直後に駆けつけたときの両車両・乗員、飛散落下物、路面痕跡の状態を平面図に落とし込む形で正確に把握します。路面痕跡は劣化しやすいので、形状の変化、模様など全体の流れと節目節目に現れた特徴を記録することが必要ですが、実況見分調書では、単線で警察の見立てに見合うように記述されますので、注意が必要です。

事故直後に駆けつけた方が比較的正確に記憶しています。彼らの誰かが警察や救急隊に連絡をしています。連絡を受けて救急隊が駆けつけると、救急活動のために倒れたバイクを動かしたり、乗用車を動かしたりします。救急隊は救助に専念し、移動経過は良く認識していないこともあります。いくつもの証言の中から事実をつかみ取らなければなりません。

バイク乗員の位置の確認は大事で、前記したように、停止乗用車にバイクが追突した場合には、バイク乗員は乗用車の前に飛んでいくケースが多く、乗用車の脇にバイク乗員がいた場合には、バイクが乗用車に巻きこまれた場合が多いようです。事故後であっても、そこに駆けつけた方の証言が大事になります。

自分でも調査し、不足情報は弁護士を通じて要求し、非協力や不正は裁判で積極的に訴えるべきです。刑事事件が終了すると捜査資料類の保存の義務がなくなるようですので、十分注意します。非協力・不正は捜査報告書の信頼性を放棄したものとして訴えましょう。私の場合、これをしなかったのが最大の敗因ではなかったかと反省しています。

前記したように事故直後に撮ったものではない捏造された実況見分調書添付

写真には、隠しおおせない矛盾が露見します。フィルムを入手すべきですが、なかったことにされたり拒否されたりした場合には、裁判所の管理下にある間に、カラーコピーでない実写真を接写し、それを画像分析にかけます。画像処理ソフトにはいろいろな機能があります。拡大表示や明彩度の調整もでき、特定の色だけ強調表示させることもできます。粉砕され飛散した物質に着目し、着目点を絞り込むと、路面のひび割れた箇所などに微細片が隠れています。実際の事故では衝突位置付近に大量の微細片が散乱していたはずで、その位置を割り出すことができます。ご自身が早く現場に行って撮影した写真があれば、そこに鮮明に残っていることもありえます。

②両車両の最初のコンタクト点の把握

　通常事故で最も大きく変位している部分が最初の主要打撃ポイントです。両車両のどの部位がどのようにコンタクトしたかで事故の形が変わります

　事故直後には変形した後の状態しかわかりません。変形前の正常な状態つまり正常面がどのように変位したかを推定できなけれは、主要打撃面のコンタクト点や変位の状態を把握することができません。あなたは車両形状のプロではありません。よくわからないでしょう。しかし、乗用車は左右対称です。損傷した側面の反対側には正常面があります。この正常面の写真を撮り、ネガの裏表を反対にすれば事故側面の正常時の状態が得られます。

図 4-1　反対側正常面写真

図 4-2　損傷面の正常時写真（反転写真）

141

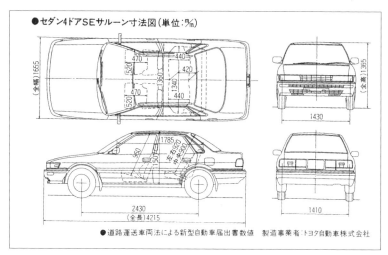

図 4-3　乗用車 4 面図例

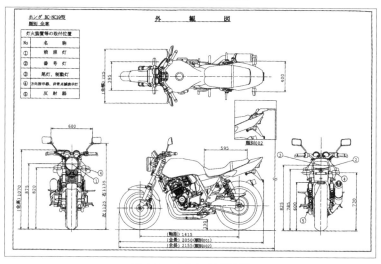

図 4-4　バイク 4 面図例

　次に自動車メーカーから乗用車とバイクの 4 面図（図 4-3、図 4-4）を入手
し、縮尺が同じであることを確認してから透明なラミネートフィルムにコピー
し、立面図や平面図を切りとって、突きあわせて相互に相対する部位を確認し
ます（29 ページの図 1-10、図 1-11）。

　バイクの先端は、前輪の先端です。通常はこの乗用車とのコンタクト点がバ
イクと乗用車の衝突場所です。損傷した乗用車や証拠写真を見て、その高さに

142

乗用車にある打撃痕跡や擦り痕を探すと、衝突開始点がわかり、打撃状況により、相互の動きが探れます。同じように主要打撃点やさまざまな打撃痕を相互作用としてみることにより、傾斜していたとか、ブレーキを踏んでいたとか、回転したとか、さまざまな相互の動きが推測できるようになり、全体としての事故態様を推定するための視点を定めることができるようになります。

③変位量の把握

　乗用車で大きな打撃を受け、大きく変形している箇所を見つけ、上記反対面の写真から得た正常面の写真上にその位置を確認し、事故後損壊して圧しこまれているその場所までのx・y・zの3軸方向の変位量を求めます。5cmピッチのメモリの着いた幅広紙製などの手製メジャーなどを用意し、元の位置と変形後の位置を結んで当てて撮影すると訴えやすい写真になります。

　次にバイクの損壊状況を観察します。停止車両への後ろからの追突や横切った乗用車に衝突した場合には、バイク前輪は円形を保てず潰れ、ハンドルと前輪を繋ぐフロントフォークは、カマキリの手のように内側に曲がります。この最初に当たるべきバイク前輪が、大きな変形をせず、事故後バイクを手で転がして動かせるような状態であれば、追突や衝突ではなく、巻きこまれた可能性が高いと言えます。

　バイクのハンドルなどに大きな打撃損傷があり、乗用車が内側に変位しているならば、乗用車による巻きこみの可能性が高く、下方向に変形している場合、バイク前輪が進行を妨げられ、バイクが後輪を上げ、圧しこんだ可能性が高くなります。このときに、バイク前輪のフロントフォークの左右のいずれかが後退し歪んでいる場合、歪んだ側に前輪が拘束され、ピッチングしたバイクの重量で歪ませた可能性があります。

④衝突角度の把握

　上記で最大変位面がどのように変形していったかが求められます。事故車には両車両衝突の作用経過として刻印されているのです。

　両車両の事故後の損傷写真より乗用車の主要ダメージの3次元の変位角度を求めます。

　走行していたバイクは通常は進行方向に走り、乗用車の損傷はその方向に凹

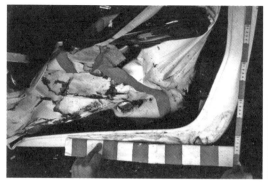
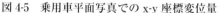

図 4-5　乗用車平面写真での x-y 座標変位量　　　　図 4-6　　z 座標変位量測定

んでいきます。乗用車の板材が鋼板である場合、中に隠れて搭載されているオイルタンクや構造材などに当たって滑ったりして多少角度を変えていきますが、水平面 x-y 座標の変形角度は衝突角度に近いものになります。

　上に林洋鑑定士が測定したときの様子を示します。5cm刻みの大きな定規を作成し、稜線に赤テープを貼り、わかりやすくしています。

⑤打撃損傷状況の観察

　側壁鋼板は圧しこまれて変形し、構造材などに当たってそれを停止させます。表面には塗料が付いており剥がれますが、バイク打撃部と一緒に動いた場所は帯同したので擦り痕はなく、変形しても塗料は剥がれません、塗料の剥げは擦過部であることを示します。

　乗用車とバイク双方に相互の塗料を付着させていますので、付着した色に注意します。

　フェンダーなどの樹脂は変形し、元に戻ります。激しく食いこんで削られた痕がある場合、それは隠れている構造材などに挟みこまれて削られた痕ですので、高さや位置からバイクの部品を特定します。そのように相互作用の部品を特定できると態様解明の道が開かれます。

　打撃を受けたバイク乗員の肉体や衣服・装備の布には塗料が付着しますので、乗用車やバイクの打突痕跡と照合して対応関係の解明に努めます。

　また衝突すると本体から飛び出た部品は落下飛散し、ガラスや硬い樹脂は粉砕され飛散しますので、何が離脱あるいは粉砕されたかを把握します。衝突の経過を把握するのに有効です。

144

　脱落部品や飛散物の損傷断面の詳細観察から打撃の仕方の解明もできるようです。事故車双方の飛散落下物は確保し、裁判終了まで保管します。

⑥路面に残された打撃痕やタイヤ痕の推移過程の把握

　道路に刻印された打撃痕やタイヤ痕、オイル溜まり、そして飛散落下物に着目し、道路図上に図示記載します。

　打撃痕はバイクが転倒し転がっていくときに付けるものです。傾いたときにブレーキペダルが道路に当たって付ける場合もあります。

　オイル溜まりは、バイクが事故後転倒して止まった場所です。

　タイヤ痕は、乗用車とバイク双方が付けることができます。急ブレーキを踏んだときには乗用車では2本以上、バイクでは1本のおのおの直線状のタイヤ痕を残します。このときにはタイヤの模様（トレッド）を残ったタイヤ痕に残します。バイクは転倒しやすいので真っ直ぐの状態でなければハンドルが踊って乗員は飛ばされてしまうと言います。バイクは転倒して横滑りするようです。バイクは走行特性により姿勢を保っている乗り物で、急激な方向変換や急ブレーキでは安定性を欠き、制御性を失ってくねくねと曲がった痕跡を記録したのち、乗員もバイクもはね飛ばされて前に飛んで行くそうです。

　もし路面タイヤ痕が直線と直線を大きな弧で結んだ状態で1筋で付いているのならば、制御性のあるこの軌跡は、乗用車でなければ付けられない軌跡で、乗用車の側面にバイクの前輪などを挟まれ拘束されて道路に付けた痕跡になります。

　カメラで写した写真でしか路面タイヤ痕の形状が残っていないなかで、このような平面的な形状を明らかにするためには、Photoshop の「画像を四角に切り抜く方法」の「遠近法」を選んで処理していただくと、通常の路面タイヤ痕が写されている透視写真から X-Y 平面画像に路面タイヤ痕を展開することができます。そうすれば幅や長さの寸法や形状の特徴を2次元座標でとらえて解明することができます。

　路側線・中央分離線・停止線などの道路上の線分から四角形となる部分を写真上で特定できれば適用できるツールです（次ページ図4-7）。

　平行四辺形の路面をとらえるには、直線部分の道路面に着目し、それを延長して消点を作り、路側のガードパイプから直交線を引いて平行四辺形を形成します。私は図1-40（45 ページ）に引用したように、該当部の写真をA3に拡

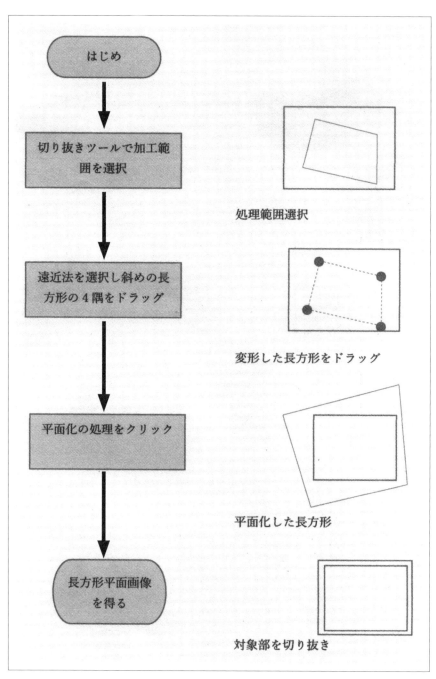

図 4-7　透視写真で斜めに写った長方形を Photoshop で平面画像に直す

大した印画を入手し、道路幅を計測して 50cm ピッチ、詳細部は 10cm ピッチの平行線を消点に向けて描き、ガードパイプがちょうど２ｍピッチであったので、それを利用し、計測できる元データにして、最終的に Photoshop CS2 でタイヤ痕の２次元平面図を得ました。

⑦事故態様の把握

上記の情報を基に路面の飛散落下物を探します。実況見分調書で事故直後の飛散落下物の正確な情報が得られない場合、実況見分調書添付写真や事故後あまり時間の経っていない時期の事故現場写真から衝突地点を導く一方法を示します。

事故現場の写真があるのであれば、それを拡大印画するか、ディジタル画像として取り込み拡大しながら、路側や周辺の草むらに飛散落下した部品類が隠れていないのか、探します。渡されているのがカラーコピーであれば、そのような自主的な調査ができないので、印画写真やフィルムを裁判所を通じて警察に要求します。

ガラス片や樹脂片は衝突時に破砕され、衝突（開始）点を中心に飛散します。時間経過とともに取り去られたり通過車両に粉砕され、なくなっていきますが、道路中央線と路側線には車両は通過せず、これらの白線（黄色線）には、しばしば塗装の割れが生じ、その溝の中にそれらの破砕粒が残っていることがあります。

事故直後掃きのぞかれても、直後に撮影された写真であれば、微細片が道路面や塗装された道路標示・区画線の割れ目などに残っています。ちょっと目にはわからない微細片も、下記のように識別処理をすると、その存在を引きだすことができます。

市販されている写真画像のアプリケーションソフトには、特別な色相の物体だけを分別表示できる機能があります。ブレーキランプや方向指示灯は赤橙色ですので、その色相を有する物体だけを選別表示するソフト機能で、選別処理をさせると、その物体だけが発光表示やフリッカ表示されます。通常そのような物体は路面にはありません。事故車に破損の事実があれば事故で破損され、その位置に飛散したと考えられます。

なおかつブレーキランプや車幅灯が粉砕飛散し、それとして特定する必要があるのであれば、分光分析によって、部材を特定できます。いろいろな物体の

色は、分光波長の分布パターンの異なる色相を持って、横軸に分光波長をとって分析すると、独特の分布パターンを示します。この色相の分光波長分布を調べれば、他の物体との区分をより的確にできるようになります。

⑧事故の因果関係の把握

事故車間の相互関係はつかめても、なぜ事故が起きたのかの説明にはなりません。両乗員がなぜその時期にどのような事情を抱えてそこにいたのか、また信号や標識そして幟や工事に関係する標識や安全装置などの環境はどうであったのか、事故を起こしやすい道路や標識ではなかったのか、安全を無視するような事情を抱えていなかったのか、運転時の癖などはどうであったのか、事故を生じてしまう事情はなかったのか、調査します。

これらをすべて押さえることによって、事故原因もわかり、事故の再発を防止するための対策も考えることができ、事故の因果関係もむりなく解明できるようになります。

⑨プレゼン

事故態様は立体的な動作で合理的な姿態を把握して示すことになります。

乗用車とバイクの縮尺の同じ模型を入手できると、それを使って態様が把握できます。私は秋葉原駅近くの模型店で入手しましたが、自動車販売会社に相談するのも方法の一つです。似たような模型なら入手できるのではないでしょうか。また、同型の車両を用意し、事故発生時の状況を再現するのも有効ですが、大きくて重いので、広い面積を確保し、重機を用意しないと動きを追えません。

4面図があれば、そのデータを読み込んで、3DCGにし、道路面や背景情報も取り込んで、ほぼ事故現場の再現に近いものを作成することができます。角度を変えたり、衝突時の部品相互の作用関係を把握し、再現させることもできます。

2）直接的な事故原因から誘発原因へ

以上で事故態様はつかめ、発生した事故の工学的な形態はつかめます。しかしまだ、なぜ事故が起きたのかはわかりません。相手が何をしようとし、あなたの肉親が何をしようとしていたのか、そのとき事故現場はどのような通行状態であったのか、解析できた事故態様と、相手や周りにおられた方の証言など

から、通常と異なった直前の様子を探ってゆきます。

　運転者にどのような不備や不測の事態があったのか、標識や道路形状に危険なところはなかったのか、誘導員や信号などに不備はなかったか、事故態様に照らしながら探ってゆきます。当事者や目撃者が真相を語ってくれれば苦しむことはありませんが、伝えられないときは、現場と、事故車と、当事者本人に残された損傷痕跡と、解明された事故態様と、目撃証言しか頼るものはありません。

3）捏造実態と意図

　事故原因がわかり、それでも警察の見立てが合理性のない決めつけである場合、捏造であるとの疑いも立てて、それに応じた情報を収集します。

　公的機関である警察が捏造している現実を見すえ、本格的な調査に入ります。鑑定人にも弁護士にも理解してもらい、事故態様だけでなく、捏造にかかわる関係性にも踏みこんで、その立証の確度を高めるだけでなく、社会にも訴え、裁判所が司法および行政の組織防備の体制に入りこまないようにつめてゆくしかありません。

3．捏造されていたときには

1）捏造の見分け方

　捏造を見抜くのは簡単ではありません。所轄官庁で専業としている者が、騙しとおせるように作成しているのです。初めて経験するあなたが、見分けられるはずがありません。ただ、捜査結果に得心がゆかない。結論が違っている。正攻法から言えば、得心がゆくように事実を集め、態様鑑定を行い、正当な態様と異なることから反論し、相手の根拠づけのおかしさに気づいたところで、初めて捏造に気づきます。気づいた時には裁判の大勢は進行して、なす術がない。どれだけの人が臍をかまされたか。

　しかし、交通事故に関しては、弁護士を含めた関係者が、真剣に地道に真実を求めてゆけば、真相に到達することができる、と私は思います。以下にその方法を書き出してみます。

①基本的情報の提示

事故直後の情報が、適確に収集され記録されていれば、事故の態様はほとん

ど明らかにすることができると思われます。警察の捜査では、普通事故直後に交通を遮断して、痕跡を探し、痕跡や落下物の位置を計測し、写真記録します。この写真には大事な直後の状況が記録されています。この写真が開示されず恣意的に選択され、別の言い方をすると、隠蔽され、結果的に作りあげたストーリー性を持たされると、真相が明らかになりません。あとから捏造に気づくと、だいたいが刑事事件が終了し、民事で改めて真実を明らかにしようとすると、刑事事件はすんだので、証拠写真は破棄したと、入手が困難になります。刑事事件でも、提出以外の写真はないというような対応をされます。

　この間の国会のやりとりでも、奇妙なやりとりが許されている欺瞞は、目にしたとおりです。

　ここで、所有管理を独占している写真について考えてみましょう。警察官の給料もフィルムなどの用具代もすべて税金でまかなわれており、警察が写した写真は国民のためのもので、捜査が終了した段階から、当事者となる国民には、それらの情報を開示してもらう権利があると思います。ネガのコピーをとったり写真を引きとることに妨げがあってはならないと思います。

　捜査資料の添付写真が明らかに不足し、異様な選別がされている場合、裁判所を通じ、コピーを含め、ネガや写真の開示を求めるべきです。弁護士が躊躇したために、肝心の証拠写真を入手できなかった場合、その弁護士は、捏造に荷担することになる重みを、感じるべきと思います。提示された写真以外の撮影写真を含め、できるかぎりネガのコピーで入手しましょう。提出されている写真ではすべてかどうかわかりません。不足分に気づいたらどんどん請求し、そこに隠された虚構を明らかにしましょう。こちらで費用を負担するのなら、警察に不都合はないはずです。

②総合的な態様の整合性

　捏造は恣意的に情報を選別し、ストーリー性を持って組み立てられます。第1章の「事故の真相」のところで明らかにしました。事故直後であれば、当事者とその装備・両車両・路面痕跡・路面飛散物のすべてが正確に記録・提示され、力学的な観点からの衝突現象、擦過現象、終了点での様子がすべて示され、そこに矛盾がなければ事故の態様が明らかになり、さらに道路配置や信号安全施設の配置状況および当時の交通状況などが明らかになれば、因果関係も推測できるようになります。

　目撃者については、客観性を保持するために、事故前や事故時の目撃だけでなく、事故直後の複数の目撃情報などを記録・開示すると、全体の客観的な動きが見えてきます。その見えてきた事故状況に、ご自身で持たれた疑問などをすりあわせれば、不足情報があるのか、意図的に隠されているのか、勘違いなのか、そして捏造の可能性があるのかがわかります。不足情報は、唯一持っている警察に開示を求め、異常であれば躊躇せずすぐにその点を裁判所に訴えるべきです。

③第三者への公開や立場の異なる人による客観的視点の確保

　当事者は目の前の課題にとらわれて、周辺情報を見逃すことがあります。最近のことですからSNSを利用して第三者の見解を聞くことも手です。否定的な見解は捨てさるのではなく、視点や着目点を見直し、推論根拠を確認してみます。死角を埋めることができます。

　確信ある疑問点が明確になって、同意を得た第三者が得られると、鑑定や隠れた事実の確認方法などについて、知恵を貸してくれる方も出てきます。最も確かな第三者は、まだそのような組織体はありませんが、交通事故の鑑定や裁判を監視する組織です。警察や制度から独立したNPOや社団法人の設立などが望まれます。

④自分の目で真実をつかむ：だから自分で集める

　第三者の協力を求めるにも、疑問点などを秩序だって説明できなければなりません。ご自身が確信の持てる事実を把握し、捏造と思わざるをえない観点をまとめる必要があります。足りない事実が何であり、知っている事実から不可思議な点を絞りあげなければなりません。

　この章の最初に示したことは、そのために必要だったのです。あなたの大事な方がどのような状況になっていて、着衣や装備がどうなっていたか、あとから何回でも確認できるように、捨てずに保管して、事故時の証拠品の状態が変化しないようにします。

　現場痕跡や飛散物が、事故時の状況をまだ残しているうちに確認し、書類化できるように計測し、あるいは計測・推定できるように撮影・記録します。

　駆けつけた救急隊に、駆けつけたときの状況と車中の会話や様子などを確認します。医師にもお会いし、入院時の様子、損傷の状況、ダメージとして推定

可能な物体や当たり方をお伺いします。なるべく早いほうがよいのです。落ち着いたら、現場に至る道路を走行し、道路管理者に管理状況や当時の交通状況を聞きます。信号灯の安全施設は、ご自身で見、写真記録しておきます。思わぬとき思わぬところで、気がつくことがあります。

2）目撃者の見分け方

　事件に巻きこまれるのは誰でも避けたがります。よけいな時間がかかるだけではありません。事件性のある関係に引きこまれるかもしれないのです。そのような心情は十分理解したうえで、目撃内容を語ってもらうには、こちら側の姿勢が肝要だと思います。語ってもらうことが可能なだけの必然性がこちらにあるのか。心情で理解していただけるのか。こちらには権限はありません。なぜどこまで知りたいのか、あなたの対応に応じて返事が決まってきます。語りかけを通じて、避けたい気持ちを圧して応えてくれる言葉をたどり、問いかけたかった疑問点や不明点の不確かさを固め、相手の心情にも配慮しご協力には感謝したいものです。

①当事者との関係性

　常識的に考えれば、事故の起きた場所の住民が目撃者になることが多いと思われます。相手が地元住民の場合、知り合いであったり、利害関係のある人物であったりします。話しぶりや目線、特に話のもっていき方に、隠れた関係や筋道を感じるときがあります。裏の関係は、あとで調べればわかることであるので、何しろ数少ない機会ですので、話していただけることは残さず聞き、記録しておきます。話を総合すると細かなことで気づくことが出てきます。観光地であると、無関係の地域の方が目撃者になることがあり、この方を探し出すのは大変で、あなたの真剣度や熱意があると集められることもありますが、熱意が不快な印象を与えぬよう、相手への基本的な理解や態度を忘れないようにしたいものです。

　最終的に相手の肉親者との関係まで筋が伸びていくことがあります。そこまでたどるには時間がかかり、当然費用もかかります。その関係者が公的な役職などについているのであれば、地域性の高い新聞支社の古い新聞や地域図書館にある公共刊行物などに、関連記述が探し出せることがあります。目撃証言では、当事者との関係性や目撃状況下での確認内容の確かさや曖昧さに配慮し、

事情に応じて客観性を確保する情報を得て判断します。

②専門性

　見た人により着目点や記憶の仕方に違いが出てきます。看護師さんであれば、救護することを最初に考えてそのための手順や障害について目が向けられます。特に専門性がないと非常の事態に目を奪われ、被害者に目が注がれます。事故に詳しい方であると、そのときの信号などの状況、衝突音から筋をたどって衝突地点や二次災害の回避に目が注がれます。浩央事件では、近くの売店の販売員が事故音で振りかえり、周囲の集散者や救急活動について光景を観察し、救急車を手配してくれました。そして、観光地の昼時で多くの方がレストランと観光施設を繋ぐ交差点支線にある歩道を歩き、交通事故車を救護するお医者さんたちがすぐに駆けつけてくれました。地元で警察に出向き事故対応などを講習されることもあり、バイクにも車にも乗られるお医者さんは、大変に冷静で事故後の状況を詳しく記憶されていました。これ以上の専門家はいないでしょう。このお医者さんにわざわざ県を超えて目撃内容を聴取しに行った警察官が、この目撃証言を無視し抹消することはありえないのです。

③複数証言による判断

　複数者の見方の異なる証言を総合して事故の実態が見えてきます。１つに絞った証言では、さまざまな解釈や関係操作が可能です。あなたは、複数の方にお会いして異なる見方を拾いあげて目撃内容を総合し、異なる点についてはその理由を確かめ、総合的な態様を絞りあげ、真実にたどりつかなければなりません。利害関係があるのかにも関心を払い、見聞きした場所やタイミングにも気を配って複数者の証言をすりあわせ、真相をつかみ取ります。

第2節　機構的改革などの提案

1．事故直後の実況見分について

　事故直後の実況見分は、事故発生現場であり、事故車と関係者が事故当事者として現存する場所での生々しい見分であり、正確かつ網羅的に、事故実態と証拠の記録をする必要があります。

1）見分内容と記録内容

　現場や事故車両を見分するための知識・技術や記録内容の方針を定め、項目や内容・程度が体系的かつ均一となるように定められていれば、事故態様調査に見落としや恣意的なねじ曲げは発生しづらくなります。そこで、下記のような項目について観察指針や記録要領を定め、確実に記録するようにしてはと考えております。

①駆けつけたときの状況写真

　これは実況見分を始める前の事故直後の現状写真です。事故現場と事故現場を含む交通安全施設・標識を含む事故現場の概観を四方から撮影します。

・落下飛散物は、所在位置と落下状況がわかるように、すべて撮影記録する。
・事故車と当事者を駆けつけた時点での状況で撮影する。
・事故現場は、駆けつけた人々や事故時の交通状況を駆けつけたときの様子のまま撮影しておく。

②道路・車両・身体着衣などの写真

　事故直後の様子を漏れなく残します。救助や救急収容などに伴う移動については、時系列的な集散者を含め、推定可能な情報を付記し、以下の項目を網羅して提示します。

・信号・標識類を含む現場の全景写真（50 m、30 m、10 mの離隔距離から）。
・路面タイヤ痕や路面の打撃痕の全体形状および特徴の詳細。トレッド痕の有無とその模様の形状。
・路面飛散物は、平面図を起こせるように飛散していた場所と部品名および損傷の程度を含めて記録。
・油だまりの所在と状況の写真。
・両車両の前後左右面と上方からの俯瞰写真（現場では斜め上）。
・両車両の変形・擦過痕の近接写真。
・両車両の脱落部および油その他の付着状況の写真。
・改めて、両車両装備の脱落を含む写真。
・乗用車の車内積載物の事故直後の写真（場合により様子の記録）。
・バイク乗員装備・着衣の事故直後の写真。
・事故当事者等の怪我ダメージの写真（これについては医者の診断結果を添

える）。

③ダメージ・損傷、道路・交通状況の客観的提示

物理的な衝突エネルギーを算出するための情報および事故を誘発した環境などの情報を提供する。

- ・両車両主要打撃部の3次元の変形量・変形方向。
- ・擦過部や特徴的な損傷。
- ・付着物・塗料その他の付着物詳細。
- ・事故当時の交通状況。
- ・信号・安全施設の配置図面と事故時の運用状況。

④目撃者・周囲集散者／通行者の列記

- ・目撃者とその目撃位置・目撃内容と警察の行った確認・照合方法。
- ・通行していたと思われる人物・団体の列記。
- ・事後目撃しあるいは駆けつけた人物のリスト。

⑤道路・車両損傷・身体ダメージの3視点からの事故態様推定

- ・両車両の事故始点から終了するまでの移動経路と態様。
- ・推定した根拠。

事故後掃除して状況が変化ていた場合にも、実況見分時の状態を正確に写真記録し、移動したり掃除したその行為者とそれを見ていた証言も記録することで、それらを合わせて実況見分調書として、移動経緯などを写真と証言からトレースできるようにするべきです。記録に恣意性を割りこませないための処置です。

2）守秘義務のない専門機関

警察は捜査機関であり、訴追権を持つ検察の訴追後は、公判を維持するために閉鎖的になります。交通事故に対するのは一般国民で、事故当事者である国民に対して、事故情報を秘匿する必要はありません。また、交通事故の態様解析には専門知識も必要とし、他の刑事捜査の職務もになう警察官には、荷が重いとも言えます。幸い道路に関しても車両に関しても技術的専門領域について

は、国土交通省の所管です。

　事故直後の交通整理や証拠保全については警察業務とし、事故直後の調査記録に関しては、国土交通省の所管としてはどうでしょうか。要員を広く民間にも拡大して、各メーカー技術者や修理業者および医療機関などから人を募り、専門調査機関を組織すると、工学的かつ社会的に公平な事故調査報告書を作成できます。警察はこれを基に犯罪捜査としての報告書を作成すればよいのです。このように作成された事故直後の報告書は関係当事者に等しく開示し、直後から質疑応答も受けつけ、事故痕跡の残る期間に詳細確認をして、鑑定精度を向上させます。

２．　証拠開示について

１）　全写真の開示

　事故現場の写真は、事故のすべてが凝縮している証拠です。事故現場は通常交通車両や人が行きかう場所で、常に事故直後の状態から変化していきます。しかし変化しながらも生々しい事故の実態を残しつづけています。この変化を理由に、記録を省いてはなりません。実況見分者が到着したときの事故現場の全貌と詳細の写真は、事故解析するときの唯一有力な証拠です。

①証拠品・撮影フィルム本数／枚数（ディジタル写真ではナンバ―）の提示、　証言リストの作成記録

　求められるのは事故の真相です。警察の見立てが正しいのならば、堂々とすべての写真を開示できるはずです。事故当事者は国民で、国民に差別は許されません。撮影したフィルムは税金でまかなわれています。得た情報は国民のものであり、開示し、国民自身によって真相究明に努められるのが本筋です。購入保管したフィルムは常にナンバリングして台帳管理し、見分時に撮影した撮影期日入りの写真フィルムのナンバーと写真フィルムのすべてを開示可能とすることにより、恣意性のない実況見分写真であり、どれだけ真剣に見分したかを傍証する情報になります。撮影したものは捜査方針に沿わない証拠写真もすべて提示するのが本筋です。見分者も冤罪の汚名を科せられることを回避できます。

　目撃証言などは、調書を作成した目撃者だけでなく、通行者や通報者を含め、事故後の人混みの状況も客観的に記録し、聴取者の証言は無視抹殺することな

く、事故関係者が、誰でも閲覧入手できるようにすることも必要です。客観的な証言とし、捜査がずさんではなく真剣に行われたことの立証にもなります。

2）立件前の捜査資料の開示（記録引きわたし）

　捜査自体が適正になされ、因果関係に恣意性が入りこまないようにすることの第一歩は、情報公開です。交通事故では事故直後の現場保存記録と全情報の開示が必要です。まずは、実況見分写真の全フィルムの保存と公開は実現されなければなりません。国家機密に対するような配慮は交通事故では存在しません。刑事事件に限らず民事事件終了までは、写真だけでなく、調査記録のすべてを保持し公開することが不正防止につながります。熊本県警が事故直後の事故目撃者の会見記録を無視抹殺したのは、捏造隠蔽のための第一歩でした。

①起訴前のコピーの開示と反論機会の創設

　捜査にムラがあっても、検事がまともに機能すれば、おかしな訴追はなくなります。浩央裁判では弁護士に率いられて検事のところに出向いて、司法修習生時代の検事の教官であった弁護士に対する特別な措置として捜査資料を見せられましたが、写真をはじめ、初めて見る資料の中身を理解しようとするだけで時間が過ぎてしまい、「疑問があったら言え」という要請には応えられませんでした。事故直後の写真類つまり証拠が意図的に編集され、官僚的には完璧にそろえられた捜査報告書を前にして、短時間でその虚偽性を見抜くことはできませんでした。ここで大事なのは、捜査を終了して起訴に至る前に、事前に関係者が証拠を目にし、不十分な捜査を指摘し、調査・確認に落ちのないようにすることです。起訴前に必要な要件を確実にチェックすることです。作為や恣意性が入りこんでいる捏造を防ぐためには、基本的な事項をじっくりと確認しチェックし、客観的な視点で不足を防ぎ、恣意性を排除することが大事です。じっくり検討するためには実況見分調書・捜査報告書の作成案のコピーを渡し、事故当事者間でじっくりと事前チェックすることです。起訴する前に事前にコピーを渡し基本的なチェックをすることが捏造を防止するための手段となります。国民には公平に捜査情報を得る権利があり、国にはそれらの権利を制限する必要はありません。警察や検事が訴訟維持を目的に、手を抜いたり偏った捜査資料を作成したとすれば、それは犯罪行為なのです。犯罪を告発する機関が犯罪を起こしていては行政が成りたちません。

3）調書頭書きをあわせた開示

　弁護士を通じて当事者に開示される捜査資料のまえには、相当量の書類があると思われます。捏造意図を組織的に貫くための情報が組みこまれているように思えてなりません。法務省には刑務所慰問など、ボランティアで支えられている事業もあります。謝礼に変わる優遇措置などがあるとは思いたくないのですが、親族の社会的な貢献などと当事者の個別的な犯罪とは無関係です。貢献に対する対価として罪の軽重を左右したり、まして白を黒とする捜査資料を作成してはなりません。

　善意にせよ悪意にせよ、そのような情報が付加されぬよう、前に付けられた全情報を開示するか、事務手続き事項であるならば、恩義を推察させるような情報の記載は禁止することを徹底すべきです。

4）立件した捜査資料の長期保管と開示

　捜査資料は捜査するにせよ起訴するにせよ独占的な権限を有する者の作成した文書です。客観的な批判に堪えられるものでなければなりません。恣意的な捜査資料と偏向した訴追の前でいくら反論しても適正な判断がされるはずがありません。基本的な捜査、適性な態様推定がなされ、妥当な訴追がなされなければなりません。

　そのために、立件した捜査資料はすべて長期保管し、開示に応え、違法があれば適時チェックできるようにすべきです。人を裁いている重みに応えるべきです。

5）裁判を通じた証拠開示請求

　裁判所は警察や検事に証拠請求したり、鑑定のやり直しをさせることはできないのでしょうか。弁護士から請求があったならば、それに応えるべきです。<u>司法運用のある意味では裁判所権威の根幹に関わることです。</u>

①消去・紛失に対する罰則および証拠能力の失効

　私が知るかぎり、交通事故にかかわるいろいろな裁判で、「証拠写真はないので提出できない」という対応を耳にしました。国民の税金を使い証拠とした写真を、勝手に破棄するのはいかがなものでしょうか。国会でもありました。官僚組織の常套なのでしょうか。

　実はいろいろな大学教授にお会いしました。警察官僚を多く輩出していて、科捜研技術者とも交流があると思われる教授は「実際には写真はあるんだ。裏で見せろというと出してくる」と仰いました。なんと国民を冒瀆した警察でしょうか。

　国民の財産を消去したり紛失した警察組織に対しては、罰則を設けるだけでなく、恣意的な捜査資料として、提出した捜査資料を失効させることも必要ではないでしょうか。独立した組織が強制調査して入手する手段も導入して虚言を廃する手もあります。

　そのような緊張感があって、初めて真相に迫る裁判となるのです。人を裁いているのですよ。

②第三者（弁護士会や市民団体）による証拠開示請求

　交通事故の鑑定や裁判の進め方については、当事者だけでなく、第三者も関心を持ちます。社会的な共通課題と認識されるところがあるからです。係争中だからこそ、法定における裁判の進め方を見守って関心を持ちつづけます。民事裁判でも客観的な証拠が必要になります。民事裁判中の期間を含め、弁護士や裁判正常化を求める市民団体などに対し証拠開示請求を認めるべきです。第三者開示の道を設けることで（司法）裁判は、より市民側に立った客観性を確保するようになります。

3．実況見分要領・事例集などの整備と公開

　警察・捜査機関は守秘性が高く、それが隠蔽体質を生み、特権的に捏造を引き起こしています。その意味では、工学的な基準などに即した以下の資料化などについては、警察組織ではない国土交通省などの行政機関に設けるほうが妥当なようにも思えます。

1）実況見分要領および交通事故鑑定事例集の整備
①実況見分要領の作成と出版

　交通事故の実況見分に際し、事故態様を確定し事故原因を特定できるように要領を定め、出版して、広く国民からの評価を得る。

　実況見分組織の中で更新整備を計るだけでなく、広く国民社会からの問題指摘に耳を傾け、現場での実施管理でトレースして管理する。

②交通事故鑑定技術資料と事例集の作成と公開

事例集の検討を続け、交通事故鑑定に向けた技術資料化と適用基準や注意事項を整備する。

メーカー・自治体を含めた管理組織と定期的に意見交換し、車両性能や道路行政の運用管理に密着した安全対策・装置装備などに反映させる。

2）市民サイド管理機関との交流

交通事故絶滅や不正を防止するための民間の組織とも適宜交流して基準・資料集を充実させ、実効的な有効性を高めていただきたい。

民間の組織から要請があった場合、それを秘匿せず、開示するようにしていただきたい。

4．権威づけや官僚的対処に対して

司法、特に法廷は、権威を尊重しすぎているように感じます。法廷のある建物内の撮影が禁止されているとは思いませんでした。不必要な権威です。国民と共にあるのであれば、もっと市民の立ち入るところを増やすべきです。

1）科捜研鑑定の社会的開示と不正告発の受付

科捜研鑑定は科学の名を付けた、怪しげな鑑定でした。科学の名を真っ当にするのであれば、科捜研の鑑定書は市民に開示し、根拠や推定の仕方、鑑定の手順などに一般市民のチェックを受け入れ、緊張感を持った鑑定を志すべきです。

そして、不必要であったり歪曲するような鑑定に対しては、市民からの批判を受けつけ、不正の告発の対象とすべきです。国民の税金で成りたっているという実態を無視しあぐらをかいてはなりません。

2）刑事裁判資料の社会的公開と審査

判決という1行の文章でしか社会的に知らされることのない判決文は、裁くという厳粛な判断機能に照らし、市民社会に開示可能とし、その推論の状況の客観的な重さに堪えられる判決に鍛えあげてゆく必要があります。ただ公開するだけでなく、裁くに足る真理へのつめを行っているか審査する場を設けてはどうでしょうか。

3）判決文と裁判資料のネット公開と審査団体の創設

　市民から請求のあった判決文と法廷に提出された裁判資料をネットに公開し、市民間の論争の場に置き、適格性を高め、<u>判決の社会的な妥当性が社会の潤滑油</u>となるように育てあげるべきではないでしょうか。

第5章
反省と感慨

第1節　良心的な裁判官と当方のミス

　何も知らない状態から納得のいかない進行に疑問を持って、裁判の各段階で真実を求めて事実を調査し、鑑定を依頼し、最終的に自分で研究機関を訪ね、その分析結果を裁判所に提出してきました。

　交通事故に関する刑事・民事裁判を争い、最高裁では審理される機会もなく一蹴され、捏造を問う裁判で、どれだけ調査結果を示しても受け入れられない司法の判決を経験しました。「この判事はまともに対応しないから、思ったような判決は出ない」、つまり捜査機関鑑定に沿った判決しか下されない、と、法廷見学に来ていた方に告げられたり、「こちらから提出した書類は何も読んでいないのではないか」と判決文に憤ったりしました。私が迎えた最終判決では、直前の地裁判決で、捜査機関が実況見分した目撃者に疑念を示すところまできていたので、それを承けて、新たな証拠も提出し、それを踏まえた判決を期待して判決言いわたしに臨みましたが、中身を読んだとは思えない不誠実極まりない判決でした。その愚かさに、思わず数珠を投げつけ、法廷で私を逮捕するように抗議しました。しかし判事はただ押し黙っているだけでした。おそらくやましい行いを自覚していたと思います。

　しかし、長い裁判の過程では、こちらの言う主張に耳を傾けようという動きがなかったわけではありません。自分自身や弁護士の対応のまずさを含め、反省点を以下に示しておきたいと思います。

1．実況見分写真フィルムの確保を要求せず

　警察は、事故直後の実況見分を行い、捜査権限を専有し、捜査方針に従って捜査関係資料をとりまとめます。浩央交通事故では、事故直後の写真がないことが特徴でした。前記したように、事故直後の生々しい写真は実際にはあったのです。林洋鑑定人から、事故直後の実況見分写真のフィルムを押えるように要請されましたが、このときの弁護士は応じませんでした。弁護士の最大のミスです。司法修習生を教えたことのあるこの弁護士は、司法の名を頭につけた

司法警察官が作成し、検事が認めた資料の不備を指摘するような行為はできなかったのかもしれません。検事は教官時代の生徒であり、この検事と接点があればなんとかなると思ったのかもしれません。しかし、決定的な証拠の入手の機会を失したことは、後々まで最大の欠陥となりました。林鑑定人が説くとおりに「実況見分写真フィルムすべて」の裁判所への提出とプリント配布は、客観的な裁判の維持のためには、不可欠の処置です。提出された捜査資料だけで裁判することは、司法警察官と検事の目論見に屈することとなり、公正さを欠き、裁判をする意味をなくすものであるとも言えます。証拠と推論の過程が裁判所において完全に開示されなければ、裁判の客観性を失うこととなります。捏造を防止するためにも必要な措置です。

2. 実物車両を使った衝突態様検証の態勢不備

高裁判事が現場で実物車両を使った両車両の突きあわせ検証の立ちあいを許可してくれました。林鑑定人が鑑定し、自身も納得のゆく態様を、実物の両車両ではめあわせて立証することが可能となりました。実物の衝突態様の再現検証は、林鑑定人が推奨していたもので、「やればすぐにわかる」ということでした。この言葉から、態勢や準備に細心の注意を払うことをおろそかにしてしまいました。また、ここまでに林鑑定人の鑑定で啓発され、それに導かれてさまざまな証拠や痕跡を探しだし、捜査報告書鑑定や保険会社鑑定の非をあぶりだしてきた成果もありましたので、判決を覆すことができるとの確信がありました。

ただしここには条件がありました。他の鑑定人を選びその選任鑑定士に検証を行わせること。および時間を1時間に制限されました。やむをえず人づてにたどった京都の大学の教官を探しあてました。車両工学が専門で、車両の運転工学には詳しいのですが、複雑な事故挙動と痕跡の複雑さの解明には、経験不足だったのではないでしょうか。

最大の失敗は、林鑑定人に立ちあってもらわなかったことでした。鑑定人は常に争う場で、互いに対立する関係でしか相対しておらず、相互不信の関係にあるようです。法廷での争いで互いに罵倒しあっている関係で、感情ももつれているようでした。だから、そもそも他の鑑定人に依頼したことが失敗の原因の1つでした。現実には、京都の大学教官は林鑑定人を嫌っていました。

この京都の大学教官は、公平性を装うために保険会社鑑定の主張する態様か

ら検証を始め、改めて証拠調べに入り、乗用車内に収納されていたホイールカバーを取りだして観察したりして、時間切れとなってしまいました。全体認識が浅いので、京都の大学教官の理解不足や勘違いについて途中で指摘しましたが、裁判官には公平な鑑定への介入と映ったかもしれません。時間切れ前に「バイク後輪が持ちあがっていたのかな？」などという不勉強さをつぶやきましたが、最終鑑定を行っている場所で気づくようなことではありません。バイクを持ちあげるために用意したユニック車のブームを使うこともなく、段取り自体もむだにしました。傷跡をすべて説明できる状態まで読みこんでいない未消化の状態で鑑定に挑むこの教官の不誠実さには、いらいらしましたが、制度上第三者ということで、尊重せざるをえません。

　ここは、林鑑定人に頼みこみ、当方側の代弁者としてお立ちあいいただき、不勉強な大学教官のミスを逐次指摘し、曖昧な公平性を打破する必要があったと反省しています。林鑑定人は交通事故車を多く見て、実験も繰りかえしてきた猛者です。これは調整に当たった自分のミスです。裁判官が現場まで出張するところまで真実を求められたのに、大変に残念でした。この判事の誠意に応えられず、お詫びのしようがありません。

3. 反論方法の不備

　ここまでの記述でお気づきかもしれませんが、裁判における私の反論は、相手の意見書の欠陥を示し、それに対して真相を対置するという構成でした。どちらかを選択するように提示するという説明の仕方では、不完全だったのかと思えます。裁判は争いの場です。相手の主張を根拠がなく立証がありえないと完膚なきほどに否定し、当方の立証しかありえないことを示さなければなりません。この絶対性の提示が必要という観点には無自覚でした。

　林鑑定で真相がわかり、細かな証拠を探し明らかにするだけでは、「ある意見の提示」としか見なされず、司法警察官や科捜研の権威を完全否定することはできなかったのです。捏造であると指摘することを、弁護士は避けていましたが、まず証拠を固め、捜査が恣意的に捏造されていることを、最初から指摘し、歪曲して情報を制限した警察鑑定の無意味な捏造を白日の下にさらし、そのことを証明しなければ、真相を認めた判決にはいきつけなかったのです。そのとき警察は、体裁だけ整え権威を保持した不毛な主張を繰りかえすだろうとも思うのですが。

第2節　浩央はなぜ旅に出たか

　浩央裁判を通じて、真実に迫り、真相を生かし、不幸を繰りかえさないための施策について考えてきました。また、交通事故に対する司法制度への疑問の提示と、私なりに考えた対策について、記述してきました。まとめるなかで、亡くなった浩央がどのように生きてきたか、おぼろげながら浮かびあがり、改めて息子への思いを新たにしなければ、という思いに駆られるところもありました。また事故解析や裁判での追求検討を行うのに、多くの人に支えられてきたことに思いをいたし、生かしえなかったことに自責を感じることもありました。そうこうするなかで、なぜ浩央は死の旅に出かけたのか、そのことも問わなければならないのではないかと思うようになりました。

　当初司法制度の欠陥、とりわけ警察と検事・判事の不正・不誠実を解きあかし、制度的に捏造を許さない、不正を断罪するための文書として世に問わなければならないのではないかと、とりまとめを企図するようになりました。

　早く出版しなければという思いでありました。その私のもくろみに対し、「誰が読むのか、売れないよ」、と友人は告げてくれました。売れずにさらに赤字に苦しむのは見ていられないということでもあったのだと思います。彼らは出版界に生きて詳しかったのです。人に伝えられなければまとめる意味がありません。筆が動かなくなりました。

　10年の時が流れ、自ら真相にいきつくためのツール開示を含めた啓発書を企図し、第4章の追加となりました。そして、制度改革だけでなく、浩央が生きていけるような心の充実に向けた掘りさげこそが大事であって、その掘りさげが、実は今社会の底に沈潜している貧困を豊かさに変えるバネにつながってくる、と思えるようになりました。

　まだまだ掘りさげが不十分ですが、浩央を未来に向かって生かすことを、今の私ができることとしてやってゆきたい、その思いをたどったのが、本章の記述です。

　そもそもなぜ浩央はバイクに乗って熊本まで出かけたのでしょうか。あのときあの場所にいなければ、事故に遭うこともなかったし、当然死ぬこともなかった。生きていれば、今ごろは孫の2、3人がいて、妻の作る創作人形に興味を持ったり、自然や昆虫や植物や化石探しを一緒にできたかもしれない。孫と一緒に剣道に励んでいたかもしれない。

1. 子供のころ、生い立ち

　浩央が生まれたのは中央線国立駅に近い住宅地でした。よく近くの一橋大学構内に家族そろって散歩に行き時を過ごしましたし、夜は自転車の前に浩央を乗せ、後ろに弟をおんぶした妻が乗り、4人乗りで風呂に出かけました。国立の町には満足していました。浩央は年子の弟を引き連れ、よく2人で遊んでいました。

　歩いて30分ぐらいのところに私の両親が住んでおり、まだ幼いころ、妻が迷って戸惑うところもある裏道をたどって、弟を引き連れて実家に行くこともあったようです。土地勘に優れていたようです。住んでいたアパートの前に雑木林があり、休みのときにコンパネを切りキャスターを付けて子供を乗せて道路を走ったり、積みあげた落ち葉に飛びこませたり、自然を遊び相手にさせました。

　あるとき弟を引きつれて近くの国鉄技術研修所の敷地内に潜りこみ、弟が用水路に落ちたときに、自分が用水路に降りて泣きじゃくる弟を押しあげたことがあったそうです。ずぶ濡れになって帰ってきたらしい。話を聞いてぞっとしましたが、1つも違わない年子の兄としての行動には感心しました。

　久しぶりに休めたときに多摩川まで浩央を私の自転車の後ろに、弟を妻の自転車の後ろに乗せて出かけました。土手を越えて河川敷に降りていったとき、喜んだ浩央は両手両足を伸ばして歓喜の声を上げました。小心者の私は、「危ない！」と叱ってしまいました。意気消沈した浩央の姿に、心配りの足りない自分が恨めしかったです。

　少し大きくなると、野川公園に隣接するICUの公開公園に各自自転車に乗って出かけました。結構な道のりでしたが、皆しっかりとペタルを踏んで行き来しました。弱音を吐かない子でした。西武園ユネスコ村に出かけたとき、ホームでいきなり大きな声で歌いだし、ぴりぴりした私に鬱屈したものがあるのか、ほとばしり出た感情解放への欲求に驚かされました。私が抑えつけていたのです。

　長期出張中に東京西部の日の出町に家を探して、一軒家に引っ越しました。自然が豊かで、自転車4台で近くの丘陵や「五日市憲法草案」が収蔵されていた旧家や近くのフズリナの化石が表面を覆い、鳥の巣石灰岩でできた岩山、秋川河川敷、払沢の滝などあちこちハイキングに出かけ、保育園に通う小さな身

体で、自転車を漕ぎ、頑張りとおしました。保育園では虫博士と呼ばれ、弁天山公園ではトウキョウサンショウウオのタマゴを見つけ、大久野のフジが絡まった山では、めざとくヤブレガサを見つけだし、毎日のように近くの丘陵に弟を伴って探検に通ったようです。一番自由な時間だったでしょう。

　小学校に上がって学習を見ることができてから様子が変わりました。「おまえならわからないはずはない」と押しつけるような指導をして、思考を萎縮させてしまいました。剣道を始めさせて中学校では部長にさせられていましたが、気持ちをくみとることのできない私を避けるようになりました。

2. 閉鎖的な生活

　技術開発部門に属し、研究所の実験施設を作ったり、耐震資料を作り、工法開発を模索したり、施工要領をとりまとめたり、技術協力のなかから生まれた瓢箪から駒の業態の異なる分野で事業開拓していた私は、通勤に片道2時間以上かかる場所に居宅を求め、残業しまくりの会社人間で、冬は暗いうちに家を出て、帰りは終電かタクシーで帰宅という生活で、子供たちの育児は妻に任せきりでした。

　軽い気持ちからの期待感が子供の視野を閉ざし、1つ下の弟の成績が良く、生徒会長をしたようなこともあり、浩央は家の中で居場所を失っていったのかもしれません。ファミコンでゲームを作るプログラミングにはまりこんでいたのが、操作ミスでいっぺんにメモリからプログラムが消え去り、ゲームにはまるようになりました。学習している様子を見ることはありませんでした。成績は中くらいだったのでしょう。弟の方に期待がいっているのを感じていたのかもしれません。

　高校を自分で探してきて「自由の森学園」に通いました。生徒の自由を尊重した教育で、鬱屈して失われた意欲やその出所を探っていたのだと気づきます。ある意味では、世の中にそっぽを向き荒れることもなく、自分自身で生きがいを見いだすための術を探しだし、自己確認作業を続けたことをほめるべきだったと思えます。

　私は仕事に忙しく、未開花で可能性の片鱗を匂わすことのない息子に、ただ見つめ、場合によっては失望しているような印象を与えていたのかもしれません。心は透けて見えるものです。しかし埼玉の飯能まで田舎路線に乗って通学し、友人や自分と向き合う時間が人として成長するための確実な道程を保証し

たのかもしれません。死後会う友人たちの話は、とても人間味に溢れていました。

3. バイクに乗った長旅

　浩央は、当時私に口を挟む隙間を与えませんでしたが、自由の森学園の卒業のあと八王子の高等専門学校に入りました。電子工学科に通い、帰るとゲームをしていて学習するそぶりを見せませんでした。そして電源回路を開発製造している会社に入りました。「一緒に未来を開発しよう。未来はきみに開かれている」という歯の浮いたメーセージが書き込んである会社ではありましたが、設計部門に通っていたようです。禁止されていたようですが、バイクを買い求め、バイクで通勤していました。

　帰宅するのが深夜になることも少なくありませんでした。あるとき私が車を買い換え、乗っていた車を廃車にしようとしたとき、「くれ」と言いました。久しぶりなので応諾すると、その車を同僚の、豊かでない外国人に渡しました。ただでいいよ、と渡しましたが、税金か手続き代がかかってきたようで、「話が違う」と私に怒ってきました。恵まれない人に心を寄せるのは、さすが我が子と思いましたが、「代価は無料だし、取得税や手続き費用まで譲り主側で払うことはないのではないか」と返答しました。浩央が支払ったのかもしれません。

　あとから聞くと社長にかわいがられていたらしいのですが、「会社を辞める」と言い出しました。「あれだけひどい会社はない。十分応えたし、もういい」と言いました。

　当時私たち夫婦は、休日になると茨城県内原町の新規就農者用日本農業実践学園と埼玉県小川町の有機農家での研修に通い、父親にも手伝ってもらいながら、栃木に買い求めた荒れた農山地で開拓に近い作業をしていました。平日は都内で徹夜を交えた事業開拓を指揮し、金曜日夜中に栃木の開拓地に赴き、日曜日深夜に帰ってくる。若かったのでしょう。疲れを感じたことはありませんでした。

　一度だけ浩央たちも一緒に開拓地の古民家に連れていきました。深夜でしたが、途中嵐になり、浩央は雨の中、雷が鳴り稲妻が光るなか、トラックがはじき飛ばすたまり水を浴び視界を妨げられながら、バイクで後ろから付いてきました。途中何回もどこかに泊まろうかと思いましたが、なかなかいいところに

出会わず、目的地に着きました。おそらく、これだけひどい状況下で走行しきったことに、運転に対する自信が付いたのだと思えます。それだけ悪条件でした。黙って付いてきた浩央を家に入れ、いろりに火を入れ、暖かい飲み物を作って、一家4人安堵しました。久しぶりの体験でした。往路ラジオを付けっぱなしにして雷の様子を探っていることに同乗していた弟も気づいて、無関心に見えた私が、浩央にそうとう気を配っていることに、初めて面し、ある意味では驚いたでしょうか。

　会社を辞めて東日本にツーリングに出ました。この年は雨続きで、ツーリング中ずっと雨にたたられ、さんざんだったようです。帰ってきてから目を合わすようなことはありませんでした。それでも、雨にたたられるなか、栃木の開拓地に寄って、一夜を過ごしたようです。乾いた布団があるのに、持参した寝袋を出して部屋の隅で寝たようです。遠慮することはないのに、親にたいして控えめな子でした。

4．解放感

　一度帰ってきてから2か月以上経って南に向かって旅に出ました。ずっと天候も優れていたようです。途中事故にあう前日に長崎の普賢岳から電話をかけてきて、「とても快適だ。もう少ししたら帰る」と妻に伝えました。フィルムに残った写真を見ると、山や湖の近くが多いのですが、いずれも天候は良好で、野猿の近くまで寄っていたり、阿蘇山山麓からバイクを通して外輪を望む写真に写った最後の光景は雄大で、心が躍るような解放感に包まれていたと思われます。死ぬ前に日本でも有数の解放感に包まれていたことが、せめてもの救いです。

第3節　浩央への思い

　浩央への期待感が居場所を狭め、長旅に出ざるをえない状況を作りあげたことを記しました。負け犬だったのだろうか、という気持ちが心の隅にあるなか、死後、浩央の部屋を片づけ、整理するなかで思い知らされたことが出てきました。親としてあまりにも無知蒙昧であったことを恥じざるをえません。

1．親としての欠格

　子供は未完成で成長の過程にあります。興味のあることには自分から求め、

近寄ってゆきます。浩央の弟の子供つまり孫を見ていても、生まれてすぐ歩くようになってから、トコトコトコトコ前に前に歩いてゆき、ついてゆくのが大変でした。保育園の近くの沢に下りてゆくと、じっと石を見てひっくり返したり、飽きることなく見つめています。

　浩央によく似ています。浩央もいつまでも半日ぐらい蟻の穴をじっと見つめていたそうです。私も一つのことに集中するととことんまで突っこみ、周りが見えなくなります。似た者同士なのだ。成長を見守ることができる寛容さをもっていれば、きっと楽しく、豊富化するステップを、一緒に経験できたのではないでしょうか。性急すぎます。

　私は、病弱な母親に育てられて、カンの鋭いところがあります。理念や理想を追って、現実的な手順を無視し、論理だけで相手を問いつめてゆく、学生時代の悪い習慣が残っています。弱い者に対する配慮に欠けています。自分としては正当であると思いこんで、人間関係をぎすぎすさせる、度量・胆力に欠けた振る舞いが、結果的に浩央の居住まいを悪くし、遠出に誘（いざな）うことになりました。死に追いやった起点だったかもしれません。

2．親に見せない人間関係

　物心ついた浩央は、私に対しいつも不愛想でした。声をかけられただけで、歯をむくような態度を見せました。自我が芽生え、おぼろげながら自分の周りが見えはじめたころ、自由の森学園に入り、八王子の高等専門学校に通い、初めて仕事についたころまで、反抗的でした。気持ちは反対側にあり、どうしようもない苛立ちに包まれているようでした。

　ところが、死後友人たちや同僚に聞かされたのは、まったく違った態度でした。でしゃばることはないが、友人と積極的にかかわり、友人宅で、その親の評判も、快活な青年として映っていたようです。楽しく酒を飲み、店の飲食代も甘い言葉でニコニコしながら払わされ、そして弱い外国人労働者にも分け隔てなく、やさしい青年であったようです。食堂のおばさんも葬儀には駆けつけてくれました。

　栃木の開拓地に嵐のなか出かけて、その後から少し状況が変わってきていました。

　長旅から帰ってきたら、一緒に酒を飲む機会もつくれるかなと、甘い期待を持ちはじめたときでした。

3．出てきた勉強の跡

　事故が起きてからもう 20 年を超えます。自分の気持ちの整理ができていないからでしょうか、浩央の部屋はほとんどそのままで、押し入れの中は、浩央が出かけたときのママで、そこに浩央バイクの装備や着衣が、押しこんであります。この部屋をほかの用途に使う計画が浮上して、裏にログハウスを建て、そこに必要なものは移動することを考えました。

　押し入れの中から八王子の高等専門学校に通っていたころの教科書とノートが出てきました。おそろしく細かく、しっかりと整理されたノートでした。教科書を丸写ししたのだろうか。冊数もありました。当時はゲームしかしていなかった、と思っていました。

　そこで、辞めた会社の同僚から聞かされた話が思いだされました。「設計にいて社長から一番信頼されていたんですよ。新しく入ってきた部下に教えて、彼が終わるまで夜遅くまでつきあっていました」。浩央のイメージと違うので、そのときは驚いただけでしたが、この几帳面なノートを見て、合点がいきました。昼間私がいるときにはゲームにふけっているようにして、夜、自分が納得のいくところまで学習していたのか。だから設計で信頼されるまでの力を付け、自信を持って会社と決別するところまできていたのか。

　結果が出るまで裏で頑張り、親から自立し、自分自身を見つめ直して新しい自分として踏みだそうとしていたのかもしれない、と思うようになりました。父親の目からは、弟に負けていると見えた彼が、一人前に踏み出していたのかもしれないと思い返すと、ただ反目するだけだった彼が、どこか歩みが確かになった感触が出てきていたように思いかえされ、それを理解できていなかった自分が恨めしく、ただやり過ごして放りだしていたにすぎなかった自分が情けなくなりました。

「死んで初めて知る親の恩」とは言いますが、死んで初めて気がついた息子の姿に、しかも死んでから 20 年以上経って初めて知る鈍感さに、ただただ申し訳ないと思っています。

4．残された CD

　浩央は自分のことに関する文章を 1 つも残していません。音楽テープはたくさんありますが、ラジオ放送や CD からのコピーだけで、肉声の入ったテープ

はありませんでした。私・妻・弟の脳に残された声だけです。写真もバイクを入れた景色ばかりで、本人の入った写真は残しませんでした。親としては何らかの生きた証がほしいのですが、みごとに気色を消していました。しかし、彼が求めたものは残していきました。

　妻は旅から帰ったら、栃木の古い家で木工をするようになるかも、と言っていましたが、その残した木工具と父親の残した大工道具などで、裏にパネルハウスを建てました。彼が残したテープには、若者向きのアニメテーマ曲もありましたが、終戦後私たちが親しんだ時代の歌謡曲や輸入曲がありました。親が思うより幅広の目を養っていたのかもしれません。

　また、後記しますが、赤十字病院に転送される山道をつづら折りに下りる救急車内で、付きそってくれた看護師が気持ちが悪くなったとき、それを詫びた看護婦に対して、逆にいたわるような言葉をかけたそうです。氏名や症状への返答を除くと、これがこの世の中で発した、最後の言葉でした。正確な言葉はわかりませんが、最後まで思いやりを忘れなかった姿に、親はいつも襟を正されています。

第4節　なぜ死ななければならなかったのか

　浩央が事故後死亡するまでの経過を追ってみます。なぜ死ななければならなかったか、死を回避するにはどうすればよかったかを検討してみます。

1．事故後の浩央の容体の変化

　事故は11月14日の昼12時20分ごろに発生しました。バイクにまたがったまま起きあがろうともがいているところを、いあわせ駆けつけた医療関係者に助けおこされ、道路脇に横たわらせられました。主任看護師が真っ先に駆けつけ、お医者さんは触診で肝臓がやられているのがわかりました。

　12時24分に売店にいた浄瑠璃の語り手が救急要請し、12時35分、隣町から救急車が来て、そのとき浩央は、普通の受け答えはできました。が、立てず、右手・腹部を痛がりました。

　あとから駆けつけた駐在所警察官に対し、ポケットから免許証を出し、質問に答えていました。

　救急隊員が血圧を調べようとしたところで、そこにいた医者が「肝臓をやら

れている早く運べ」と言うので、12 時 42 分すぐに乗せ、途中車中で「ツーリングで事故か」と問うと「バイクでぶつかった」と答えたそうです。「追突」とは言っていないのですが、前記したように、その後警察課長は「追突と言った」と聞いたと捏造に執着しました。

12 時 54 分、隣町にある病院に収容されました。受け答えはしっかりとしており、「がんばりましょう」との医師の声にうなずき、「安心していた」そうです。超音波診断して、肝臓がやられ治療できないことがわかり、救急車を呼び戻し、13 時 34 分、大学から来ていた医師と看護師が同乗して熊本赤十字病院に搬送しました。再送が決まったと知らされたときに、「そんなに悪いのか」とがっかりした顔を見せました。

救急車はつづら折りに山道を下り、右に左に揺られるなかで同乗した医師は輸血を試みたりしてくれました。看護師は気持ちが悪くなり、「ごめんね」と浩央に詫びたそうです。そのときに浩央は「気にすることはない」旨の言葉で、逆にいたわったそうです。看護師らは医療に集中し、会話は交わさなかったそうですが、「何が起こったかわからないで、頭の中をいろいろと思いが巡っていたように見えた」と伝えてくれました。

14 時 23 分に熊本赤十字病院に到着し、医師の質問に浩央は応対できていました。途中血圧低下があり、腹部 CT で肝損傷と腹腔内出血、右腎損傷を確認したあと輸血を開始しました。

14 時 30 分前後に浩央の勤めていた元の会社に事故連絡があり、社員が驚いたとのこと（葬式には社長以下食堂のおばさんまで来ていただきました）。

15 時 48 分に血管造影を行い損傷のある冠動脈に選択的塞栓肝静脈を造影して明らかな損傷のないことを確認して、17 時 45 分に血管塞栓術を終了し、血圧が安定しました。ビリルビン・アミラーゼも正常血清値と同じ値となりました。

19 時 00 分に痛がっていた右前腕骨折のギブス固定を行ってくれました。

19 時 45 分に血圧低下があり、会話はできるが意識レベルの低下が始まりました。再出血と判断し、肝切除術が必要と判断。浩央が「親は今は家にいないはず」と答えたので、浩央に手術承諾を求め、緊急手術決定。

23 時 30 分に開腹。

24 時 30 分ごろ下川に矢部警察から連絡。病院連絡先を教えてもらう。すぐに病院に連絡し、病院記録では 11 月 15 日の 1 時 00 分ごろに「手術中でか

なり厳しい」と返事。

　6時50分に手術終了。

　8時30分ごろ熊本空港から赤十字病院に我々夫婦が駆けつけたが、昏睡状態。一度も会話はできず。

　11月16日の6時30分ごろ浩央が何回か心臓停止し強心剤注射や心臓マッサージを繰りかえすなか、私の父親、浩央の祖父（名付け親）が熊本空港に着き、携帯で声をかけるわけにもいかず「すぐに来い」と伝えるなか、切開して心臓を直接マッサージをするか問われ、痛がるだけなので忍びがたく、6時40分に死亡。26歳の誕生日でした。

2. なぜ死ななければならなかったのか

　事故直後浩央は死ぬとは思っていなかったようです。医師に任せきっていました。隣町の病院から転院を告げられたときに、「そんなに悪いのか」とがっかりした表情をしたそうです。ふつう死の恐怖からうろたえるのだそうですが、黙って痛みに耐え、逆に看護婦への心遣いまで見せました。

　肝臓は早く処置するのが一番大事だと、駆けつけてくれた医師から知らされました。救急車で熊本赤十字病院に転送されるときに、山道を何回も右左と揺らされ、それが影響したかもしれないとも告げられました。しかし、救急隊長や手術した医師の話では、多少意識レベルが落ちていても、まだしっかりと受け答えができる状態でした。

　すぐに開腹手術ができたならば、命は助かったのではないでしょうか。意識低下が始まる19時45分前に手術できていれば、回復できる体力があったのではないかと思うのは親だからでしょうか。

　実は浩央が持っていた携帯電話や手帳には、私たちが開拓に近い状態で出かけていた栃木の家の電話番号が記載されていました。事故間もなく元の職場に連絡があったようです。何らかの手段で退職した会社の電話番号はわかったのでしょう。事故後間もなく免許証を調べていた駐在警察官が、現在連絡できるところを聞き出していてくれれば、私の携帯に連絡することも可能ではなかったかと思えます。

　どのような状態でも、意識が薄くなる前に連絡して開腹手術に着手することはできたのではないかと思えてなりません。長い時間、孤独と不安と痛みに耐え、一言も言葉を交わさずに亡くなったのが無念です。

3．死を回避するには

　まずは、事故を起こさないことで、事故を起こしにくい交差点や工事中の仮設信号機の設置方法の改善や誘導員の配置と県や警察の許認可にあった過失を防止することが第一です。

　事故が起きて傷害を受けた場合、早く医者の診察を受け、手術などの対処をすばやく行うことが必要です。

　事故直後に、手術の許諾を行うのに必要な親族などのそのときの連絡先を聞き出し、連絡することが大事です。本人確認を免許証で確認してすませるのではなく、確かな連絡先、連絡方法を確認し、すぐに連絡し、通じない場合にはすぐに次の連絡先を本人に確認するような配慮が必要だと思えます。浩央の事故では、その気になれば本人にそのときの連絡先を確認することはできたと思われます。

　また、最近導入され始めているドクターヘリが手配されていたなら、意識が維持された状態で対処できたはずで、おそらく死亡することはなかったでしょう。

　また、意識喪失する事例があることも想定すると、同意なくとも救急手術などの措置に同意する旨免許証に記載するように運用することも必要ではないかと思われます。

　臓器提供の意思だけでなく、手術の同意についても、運転中に携行が義務づけられている免許証に記載する意味や効果は多大であると思います。臓器という大切な物を確保することも大事ですが、これから活躍できるように命を守ることも大事で、影響を受ける方は比較にならないくらい大勢です。

　バイク事故に限って言えば、安全装置が不足していることを痛感します。バイクのレースでは転倒して滑走したり、衝突して巻きこまれる例が多々あるようですが、死亡する事例は少ないようです。事故が発生しても、内臓損傷を防ぎ、せいぜい外科手術で対処できることを示していて、対処策は存在しています。

　バイクの安全策としてヘルメットだけでなく内臓をプロテクトする安価な防護服などの提供と着装の義務化をメーカーや行政が主導して推進すべきだと思います。本腰を入れれば、季節に合わせた装備の提供を行い、安全な走行を楽しむことができると考えます。へたをすると自死傷具となりかねないバイクのメーカーがそれらの提供を怠っているのは、不作為であり、提供するバイクの

危険性を回避・軽減する措置をとらないのは、製造物責任に該当などと指摘される前に、安全・快適に走行できる環境や装備を提供し、運転者に優しいメーカーとして世の中を先導したほうが、メーカーのイメージはさわやかに親しみやすいものになると思うのですが。

4．生かしてあげよう

　不幸にして事故で死亡あるは不治の病に沈んでいるような場合、悲しんいるだけでいいのでしょうか。最近の事件では、悲しがるだけでなく、再発防止に、生きた証を求める動きが出てきました。死を無駄にしない防止策であるから追求は真剣であり、それだけ実効性のある対策を求めています。真剣な対応です。そこを行政が真剣にとらえてくれれば、思いは通じると言えます。

　それでも親族の心のむなしさは消えることはありません。が、もう一度心の中に亡くなった親族を呼び戻して、同じように解決の過程を共有し、喜びを共有するしかないのではないでしょうか。

了

あとがき

　現在の警察制度の下で行われる刑事事件では、冤罪は防ぐことはできません。しかし、少なくとも交通事故に関しては、事故直後の実況見分写真などの証拠を、余さずに開示し、事故態様推定の手順について、市民目線から客観的に評価できるシステムを取りいれれば、冤罪はかなり防止でき、被害者側も加害者側も納得のいく、司法判断に近づけることができるのではないかと思います。初めて冤罪に直面して気づいた、改革案を第4章に示しました。こなれておりませんが、立法・行政・司法という三権の関係者および弁護士の方々の検討の俎上に加えていただければ、ありがたく存じます。

　本文で警察官、検事、判事のお名前を書かせていただきました。私の記述について、ご意見・ご反論をいただき、より良い制度・システムを練りあげたいからにほかなりません。本書で、冤罪作成や成立に関係された、と判断している方々です。上記に挙げた改革案をより確実なものにするためには、皆さんからの反論やご意見が大事です。世の中に見える形で、意見交換できればありがたいと思っております。本書の記述内容の妥当性をご判断いただき、この意見交換の内容を正しくご判断いただけるように、浩央裁判で法廷に提出された資料はすべて、そして私なりに得てきた資料類は適宜、読者の皆さんにお届けする用意をしております。

　本書は、いろいろな方のお支えがあって初めて実現しました。

　真相を知るには、事故直後の医療関係者の目撃者一行の証言は大変に大事で、法廷にも立っていただきました。このお医者さんのところには、鹿児島の新聞社でデスクをしていた友人の大野達郎君が案内してくれました。この証言が、態様解明の起点になりました。

　10年に及ぶ裁判中、再現実験やツール開発で、高校同期の岩野浩二郎君や片山布自伎君が手を貸してくれました。この助けがなければ、疑問を解き、納得して反論することはできなかったと思います。何より、専門的な鑑定を提示いただいた林洋先生と、工学者としての義憤から鑑定書を届けていただいた菅沢深教授には、感謝以外の言葉が見当たりません。主治医をはじめツール開発などでいろいろとご協力いただいた方々のサポートで、何も知らないところか

ら、1段1段真相解明にたどりつけたと、感謝しております。九州の法廷で傍聴し、サポートしていただけた九州産業大学関根五男名誉教授には大学時代からお世話になり、ご家族そろって私の孤立を防いでいただきました。ほかにもいろいろな方がおられるのですが、この本では警察の冤罪事件を取りあつかっていて、取引などへの影響を考えて遠慮される方もおられるので、お名前は伏せました。皆様には、深謝している気持ちは、お伝えしたく存じます。

裁判中に裁判の経過を取り上げ警鐘を鳴らしていただき、7段組の記事を掲載していただいた朝日新聞と毎日新聞、コラム記事を載せていただいた「週刊金曜日」、冤罪事件として社会的な疑問を取りあげ放映してくれたテレビ朝日の「ザ・スクープ」、「FRIDAY」、「mr.Bike」、これらの橋渡しをしていただいたジャーナリストの柳原三佳さん、そして冤罪事件の検事の不当な扱いへの抗議に同行していただいたNHK・共同通信・読売新聞の記者の皆さん、および報道していただいた熊本の放送局と新聞社には、本書出版で記事目的を一歩進める形にできたのではないかとの思いをこめて、感謝申しあげます。

10年にわたる裁判の最終段階で法廷を埋めてくれた高校同期生と大学時代の友人には、本書出版とこれからの冤罪を防ぐ取り組みで、お礼に代えさせていただきたく思います。

裁判終了後10年も経って出版することとなりました。この間の論争にならない国会論争で見えてきた行政側の証拠非開示や虚言の横行を見ていると、構造にあまりにも似通った点があり、危機感も感じました。誰でも巻きこまれかねず、誰にも立ちむかえる刑事事件としてご提示し、併せてわかりやすくご理解いただけるのではないかと、出版にゆきつきました。初めての出版で心許ないところを、手引きし、編集・DTP作業を引き受けていただいた片山布自伎君には、ひとかたならぬお世話になりました。編集部へと共に大謝する次第です。

実はこの裁判は国会で1度取りあげられました。私は、取りあげてくださったこの議員とお会いしたことはありません。当時警察側が事前に捜査資料を見せることはなかったので、隠蔽された証拠を見せるように運動していた仲介者が、議員に素材としてわたくしの事例を提供し、1度も私に詳細を確かめることをせず、安直な質問をし、「検事が調書を見せている」との政府回答で、腰砕けとなりました。

作られた捜査資料を「見る」のでは、真相にいきつけません。本文に書いた

ように、冤罪事件は、見せても筋が通るように作られています。内容をじっくり精査し、必要な証拠を積みあげなおして、初めて真相にたどりつけます。

　民主主義も見せかけの是非を問うのではなく、国民が議論から逃げず、忍耐強く論議に参加するようになって初めて、真実をつかむことができる仕掛けではないでしょうか。「十二人の怒れる男」という素晴らしい映画がありました。私たちは、もう一度足許を見つめなおす時にさしかかっている、と思えてなりません。

　事故後20年間ただひたすら沈思し、感情を解きはなてない日々でした。第5章で浩央との感慨を纏めるなかで、親としての感情が甦ってきて、改めて生かしてやらなければと思うようになりました。我慢強かった浩央の姿を身に背負ってゆこうと思っています。

　今後交通事故に関する冤罪を防ぐために、市民組織を作るべきではないかと考えております。「ひろの会」とでも名づけ、実況見分、鑑定資料や裁判資料を公開して、順次他の方の事例を並べ、専門家の皆様にも加われる形に仕上げて、冤罪の芽を摘みとれる場を設けたいと思っております。手始めに浩央裁判資料をディスクでお渡しします。ご希望の方は下記にご連絡ください。法廷に提出されたままで、個人情報も入っておりますので、各人で取りあつかいにはご注意ください。

　　連絡先：一般社団法人ひろの会　代表理事　下川正和
　　　　住所：東京都西多摩郡日の出町平井1425- 5　〒190-0182
　　ホームページ：https://hironokai.org/　　（開設準備中）

平成31年4月末日

　本稿に至る前段階で、査読に参加し、構成の仕方や読者視点でのさまざまなアドバイスをして、第1章冒頭の裁判経過略記に結びつけてくれた大学ゼミ同期生の阿久津隆一君と九州産業大学関根五男名誉教授には大変に長い時間をさいていただきました。同じ頃当初事故解明ノウハウ本として構成されていた前稿に目を通していただき、冤罪本としての方向を編集者の小林律子さんに示唆いただき、書きあげた本稿を同じく編集者の土井伸一郎さんのお口添えで高文研の編集部に繋いでいただきました。これらの方々のお力がなければ、本稿

は世に出ることができませんでした。出版に当たってお世話になった高文研編集部の真鍋かおるさんおよび仲村悠史さんへお礼し、本稿の出版とひろの会結成で感謝の意に替えさせていただきます。

　また、本稿校正中に栃木義宏弁護士から細かく査読いただいたお手紙を頂きました。法律用語はもちろん、誠意に満ちたご指摘でした。ありがたく頂戴いたしました。3人目の弁護士事務所として冤罪事件をご担当いただき、特に知識のない交通事故をむりにお引きうけいただき、役にたてなかったのではないかとの述懐が付されておりましたが、まさに本書を出版する出発点だと思っております。お引きうけいただき、査読までしていただいたご誠意に応えるのが本書出版の使命です。深謝申しあげます。

令和元年 11 月 16 日

■参考資料❶「一般社団法人 ひろの会」

1．一般社団法人ひろの会定款抜粋

（目的）

第3条　当法人は、市民の目と知恵で、交通事故の真相を解明し、公正な裁判が実現できるよう支援し、捏造捜査と誤判決を防止する場を提供するため、次の事業を行う。

（1）捏造が疑われる交通事故捜査資料の収集と解説

（2）交通事故解析の方法の収集と解説

（3）捜査捏造の手法の整理

（4）解析ツールの紹介

（5）交通事故鑑定の不備の摘出整理

（6）交通事故裁判の不備の監視

（7）交通事故冤罪を惹き起こす要因の整理

（8）前各号にかかわる情報公開と公開討議

（9）前各号に附帯又は関連する事業

2．情報管理

　事実や真実を基に調査し討議し資料化するために、個人名を含め加工せずに受領し管理します。参加者や利用者は、この趣旨に賛同し、自己責任で情報管理する会員および利用者に限ります。（規則等検討中）

　ホームページには、個人名等を伏した情報を一般公開します。

3．ひろの会に参加し、一緒に冤罪に立ち向かいましょう

　加入：ホームページに会則、加入手続きを掲載。

　寄付・参加費支払：郵便振替口座

　　　店名　　　：〇一九（ゼロイチキュウ）

　　　預金種目：当座

　　　口座番号：0392788

　　　口座名称：一般社団法人　ひろの会　　シャ）ヒロノカイ

■参考資料❷「カラー図版」

◆図 1-2（19 ページ）

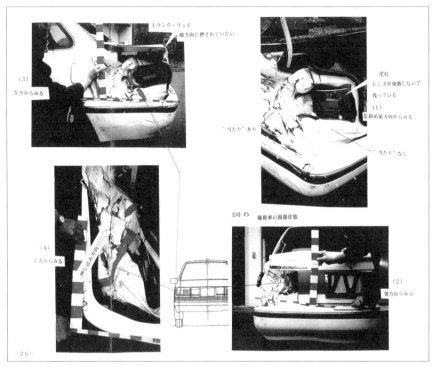

トランク・リッド
前方向に押されていない

（3）
左方からみる

"当たり"あり

尾灯
レンズが飛散しないで
残っている

（1）
左斜め後方向からみる

"当たり"なし

（4）
上方からみる

押し込み方向

図 6　藤原車の損傷状態

（2）
後方からみる

-26-

◆図 1-15（31 ページ）

◆図 1-16 （31 ページ）

◆図 1-22 （35 ページ）

◆図 1-26（37 ページ）

◆図 1-31（39 ページ）

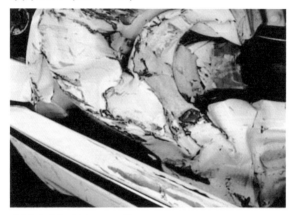

◆図 1-32（40 ページ）

◆図 1-34 （42 ページ）

◆図 1-35 （42 ページ）

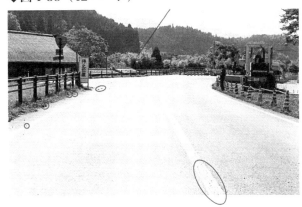

◆図 1-36 （42 ページ）

◆図 1-38 （44 ページ）

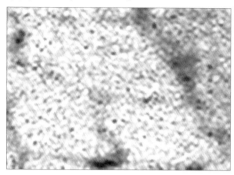

◆図 1-39 （44 ページ）

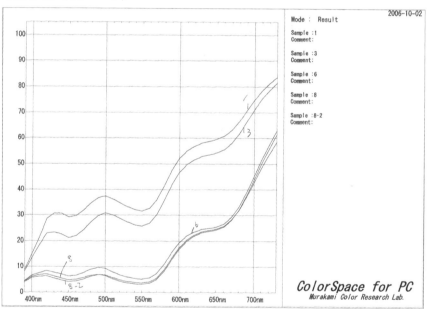

◆第1章第5節図1 （63ページ）

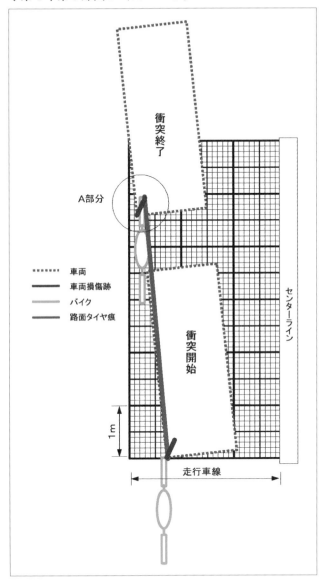

凡例:
- 車両
- 車両損傷跡
- バイク
- 路面タイヤ痕

A部分

衝突終了

衝突開始

センターライン

走行車線

1m

◆第1章第5節図2（64ページ）

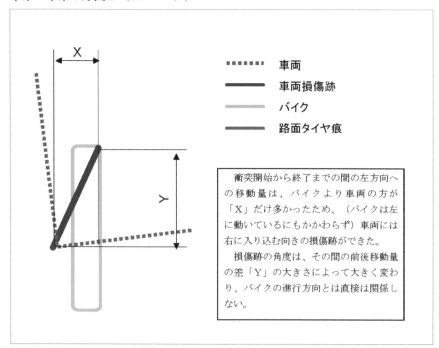

◆図4-5（144ページ）

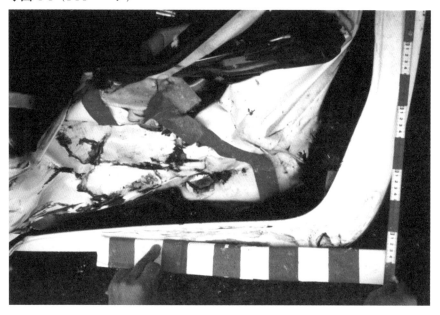

◆図 4-6（144 ページ）

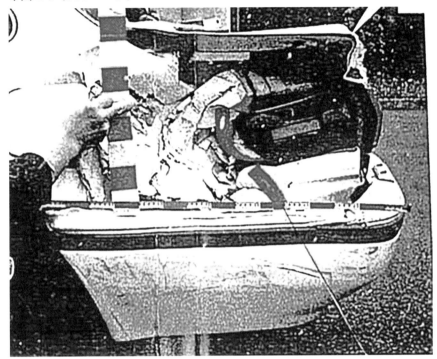

■参考資料❸「浩央バイク事故下川解析検証ビデオ」

　筆者らが解析し、実写撮影映像と CG 画像を交えた検証ビデオ（福岡高裁に提出した証拠書類）を、本書の付録（DVD)として付けました。

　DVD プレイヤーか、パソコンの DVD 再生ソフトでご視聴ください。

著者経歴

下川 正和（しもかわ・まさかず）

1946年、東京都生まれ。

都立立川高校から早稲田大学に学び、裁判中から本書を出版するまでの支援者を得ました。

また、建築設備工事会社の技術開発部門で工法検討や耐震設計資料などの技術開発を行い、鋼材・鋼板・樹脂材・電線ケーブル・塗料はよく使う材料で、加工には破壊に通じる作用過程があって、工事仕様書や品質管理要領書の作成も行ったので、皮膚感覚でも感じ、打撃・擦過過程を推測できるようになりました。

現在は植木業に従事するかたわら、交通事故冤罪を監視する市民組織「一般社団法人 ひろの会」を設立し、代表理事に就任。

ひろ

交通事故冤罪に巻きこまれて

2020年1月20日　第1刷発行

著　者　　下川 正和
発行元　　株式会社 自然環境復元機構研究所
　　　　　東京都西多摩郡日の出町平井 1425-5　〒190-0182
　　　　　ホームページ：https://hironokai.org/
発売元　　株式会社 高文研
　　　　　東京都千代田区神田猿楽町 2-1-8　〒101-0064
　　　　　TEL 03-3295-3415　http://koubunken.co.jp
装　丁　　大熊　肇（トナン）
校正・組版　片山布自伎
DVD補制作　今泉　重紀
印刷・製本　中央精版印刷株式会社